ノスタルジーとは何か

宮城学院女子大学
人文社会科学研究所 編

翰林書房

ノスタルジーとは何か◎目次

はじめに

本書は、様々なテキストから読み取れるノスタルジーについて、文学、歴史学、地理学、経済学といった様々な学問分野から解釈、考察していくものである。ここで取り上げるテキストとは、詩、小説、回顧録、日記、手紙、景観、新聞記事などである。人々はこうした様々なテキストを読んでいく中でノスタルジーを感じることがある。本書では、そうしたテキストを読んだ時、なぜノスタルジーを感じるのか、作者の意図やその背景だけでなく、その歴史的、社会的文脈を考慮しながら探求していくものである。

平成の時代に入り、日本ではノスタルジーが一つのキーワードとして注目されるようになった。特に、文学、映画、町並み保全のなかでノスタルジーが重要な要素として活用されるようになっており、映画『ALWAYS 三丁目の夕日』のブームはその典型例である。平成においてなぜノスタルジーが注目されるのかについては各章のなかで説明されていくが、簡単に指摘すると、平成日本の閉塞感が大きく関わっていると考える。序章のなかでノスタルジーは、「何らかの契機により呼び覚まされた記憶によって特定された時間および（あるいは）空間および（あるいは）人に向けられた個人および（あるいは）集団の心理状態」と定義しているが、過去の記憶に対して何らかの肯定的な意味付けをする行為であると考える。平成の時代に生きている人々が、学校、会社、地域といった身近な社会に対して、あるいは日本という大きな社会に対して閉塞感を感じる時、昭和など過去に振り返りながら肯定的に懐かしさを感じて自己肯定するのである。このようにノスタルジーは過去に対して抱くものであるが、それは現在との対比のなかで行われるものである。このように現在と過去との対照は、平成の時代の人々が行っているだけではない。本書では、現代日本に注目するだけでなく、明治、大正期の詩人、十九世紀末のニューヨーカーなど、様々な時代や空間におけるノスタルジーについても注目することによって、ノスタルジーを多面的に考察していく。なお本書ではノスタルジーというタームを用いるが、他にノスタルジア、郷愁、望郷、懐古、追憶などといったタームが用いられることがある。本書では統一して「ノスタルジー」を用いたい。

では本書の内容を説明したい。序章、今林直樹による「ノスタルジー」では、ノスタルジーの概念整理を行っている。特に、デーヴィス著『ノスタルジアの社会学』の論考を参考にしながら、時間、空間、人に対するノスタルジーについて整理している。まずは序章を読んでいただき、ノスタルジーの概念について理解した上で各章を読んでいただきたいと考える。

第一章、九里順子による「ノスタルジーが自立するまで――「故郷」からの距離――」では、詩人にとって本質的なテーマであった故郷について検討している。宮崎湖処子の『帰省』、北村透谷の「三日幻境」、片山孤村の「郷土芸術論」、萩原朔太郎の『純情小曲集』、立原道造の〈郷愁〉等を題材として、自己を見つめながら思う故郷について検討している。それぞれがノスタルジーとして位置づける故郷には違いがあることを指摘し、故郷に対するノスタルジーの幅広さについて考察している。

第二章、小羽田誠治による「『故郷』に表現されるノスタルジーの魯迅における特異性について」では、近代中国の代表的な作家である魯迅を取り上げ、その作品の中でノルタルジーがどのように表現されているのかについて検討している。特に作家として、知識人として魯迅が抱く故郷に対するノスタルジーを、風景、人物、出来事に整理して読み取っている。

第三章、田島優子による「イーディス・ウォートンの『無垢の時代』に見るノスタルジー」では、アメリカ文学のなかでノスタルジーを扱った代表的な作品を題材にしながら、ノスタルジーの複雑性について注目している。資産家が台頭し、格差の拡大していくニーヨークにおいて、保守的な貴族階級のアイデンティティがどのように保たれたのか、ノスタルジーとの関わりで検討している。

第四章、今林直樹による「第一期フランス留学時代の黒田清輝——回想のフランス体験——」では、日本近代洋画の巨匠である黒田清輝が残した日記、回顧録、手紙などをテキストとして、一八八四年から一八九三年までのフランス留学に対する黒田自身のフランスノスタルジーについて読み取ることを試みている。

第五章、土屋純による「商店街景観から読み解く昭和ノスタルジー——大分県豊後高田市の「昭和の町」に注目しながら——」では、商店街という昭和の時代に栄えていた景観に着目し、その景観から読み取れる昭和ノスタルジーを分析している。平成の時代に発展したロードサイドショップと対照させながら、大分県豊後高田市の「昭和の町」のテーマパーク的景観まちづくりについて分析している。

第六章、田中史郎による「今、なぜノスタルジーなのか」では、平成の日本におけるノスタルジーブームについて、その状況とその背景について分析している。新聞記事検索により二〇〇〇年代からノスタルジーに関する記事が増えていることを指摘し、その背景をピケティ著『二一世紀の資本』などを参照しながら検討している。

このように本書はノスタルジーに対する知的な旅である。宮城学院女子大学は決して大きな大学ではないが、そのため各教員の距離が近いことが大きな特徴となっている。学内の人文社会科学研究所の研究会のなかで議論を深めてきた。人文科学、社会科学双方の研究者が議論を深めてきた成果であり、ぜひお読みいただきたいと考える。

序——ノスタルジーという概念をめぐって

今林直樹

はじめに

人間は過去を振り返る動物である。これは、おそらく他の動物には見出すことのできない、人間に固有の特徴であろう。では、そもそも「過去を振り返る」というのはどういうことなのであろうか。なぜ、人間は「過去」を振り返るのであろうか。そして、振り返る「過去」とはどのような「過去」なのであろうか。この問題に接近するためのキーワードが「ノスタルジー」である。

ノスタルジーとは何か。『広辞苑』によれば、ノスタルジーとは「故郷をなつかしみ恋しがること。また、懐旧の念。郷愁。」とある。この「故郷をなつかしみ恋しがること」という説明はノスタルジーという言葉の由来に深く関係している。なぜなら、ノスタルジーとは、そもそもギリシャ語のnostos（帰郷）とalgia（苦痛）を組み合わせて作られた造語であり、故郷に帰りたいと強く思い焦れるという意味を持つからである。そして、この造語の作者はヨハネス・ホーファーというスイス人の医師であった。すなわち、もともと、このノスタルジーというのは、十七世紀末に、故郷を遠く離れて戦場へと赴いたスイス人傭兵たちが示した病理現象であり、「極度にホームシックな状態」を説明するために作られた用語であって、その具体的な症状は「失意、抑うつ状態、情緒不安定で、なかには激しく泣き出したり、食欲不振、全身的な『消耗』、ときには自殺未遂のものも含まれていた」という。[*1] しかしながら、今日、このような症状を指す言葉はホームシックであって、ノスタルジーではない。言い換えれば、ノスタルジーという用語は、今日では病理現象としての意味を失っているのである。

社会科学の分野におけるノスタルジー研究の古典とも言うべき『ノスタルジアの社会学』を著したデーヴィスは、同著の中で「脱軍隊化」「脱医学化」という言葉を用いてノスタルジーの持つ意味内容の変化について論じている。[*2]

すなわち、「脱軍隊化」とは「（ノスタルジーという）このことばの現代における内包的意味が、語源的に本来付与されてきた病理学的で職業的に特定された意味から方向転換を遂げていること」であり、「脱医学化」とは「ホームシックというこのことばの中心的指示対象が漸次、意味論的に衰退していること」を指す。この変化の背景について、デーヴィスは「具体的な場所という意味での『家郷』が実体としての顕在的な存在性を減少させ、そこから近代世界における『ホームシック』そのもののもつ重みも減少してきたこと」を重要なものの一つとして挙げている。[*3] そして、「家郷」が「ただそれだけではかつてのように、『過ぎ去りし出来事の思い出』を呼び起こすことができないので、別のことば、とりわけ『ノスタルジア』ということばが、われわれが自分の過去と、その過去が現在および未来に対してもつ意味について抱いている、ときにはありきたりで、ときには引き裂かれた、そして、ときには正体のわからない感覚を包含するようになった」と説明している。[*4]

近年、このようなノスタルジーに関する関心が日本においても高まっている。それは、具体的には文学や歴史学、政治学、医学、心理学、消費者行動研究などの分野においてである。文学では、これまで文学作品に表れたノスタルジーを取り上げてきた長い歴史がある。歴史学では、フランスのピエール・ノラの「記憶の場」に代表されるような、歴史と記憶を結びつけた研究の影響を受けてノスタルジーが取り上げられている。政治学では「昭和」という時代へのノスタルジーが保守主義やナショナリズムと結びついて操作的に用いられている。医学では、ノスタルジーを喚起することが認知症の予防や治療のために有効であるということから、積極的に用いられるようになってきた。そして、それは認知心理学の研究成果を取り入れたものであり、ノスタルジーの喚起はある特定の世代の人々の購買意欲を喚起するということで消費者行動研究にも取り入れられているのである。[*5]

1　ノスタルジーの定義

それでは、あらためてノスタルジーとは何か。実は、このように問い直してみてもノスタルジーを定義づけることは難しい。デーヴィス自身、「ことばの問題」としてノスタルジーについて考察することには難点や限定条件が伴うため、「ことばの問題」から「ことがら」（現代におけるノスタルジーの体験の内容、輪郭、前後関係）へと移っていかねばならないと記している。[*6] なぜなら、そうした難点や限定条件にもかかわらず、「（ノスタルジーという）ことばが指示し、それがことばとして呼び起こすある共通の体験の基盤が存在している」からである。[*7] 本稿においても、こうしたノスタルジーが持つ「ことがら」という点からノスタルジーについて考察していくが、それにしても、ノスタルジーをまったく定義することなしに論を進めることもまた適切ではない。そこで、後述の内容を踏まえてノスタルジーを「何らかの契機により呼び覚まされた記憶によって特定された時間および（あるいは）空間および（あるいは）人に向けられた個人および（あるいは）集団の心理状態」と定義しておきたい。

以下、この定義について、簡単に説明していきたい。

2　ノスタルジーの契機

はじめに、ノスタルジーを喚起する記憶を呼び覚ます「何らかの契機」である。ノスタルジーはある特定の過去と結びついているが、その過去を呼び覚ますには何らかの契機が必要である。言い換えれば、何の契機もなくしてノスタルジーは立ち現れない。ではそのような契機はどのように得られるのであろうか。本稿では、その契機が意図せずして自然に得られるものと、他者によって何らかの意図をもって用意されたものの二つに分け、前者を「自発的ノスタルジー」、後者を「操作的ノスタルジー」とする。

「自発的ノスタルジー」の例として、しばらく故郷を離れていた人が、久しぶりに帰郷した時、自身が小学生の頃に遠足で登った山を見る機会があり、そこでその当時の楽しかった思い出を想起し、懐かしさを覚えるといった事例や、自分の青春時代によく耳にした音楽が、ラジオやテレビから偶然流れてきたときに懐かしさを覚えるといった事例、ある時に偶然食べた料理の味に自分が小中学生の頃によく食べた給食や弁当の味を思い出して懐かしさを覚えるといった事例をあげることができる。これらの事例においてノスタルジーを喚起する契機は偶然に得られたものであり、それがその契機と結びついた記憶を呼び覚まし、ノスタルジーを喚起しているのである。

「操作的ノスタルジー」の例として、ある商品のテレビのコマーシャルで、ある世代の人々が懐かしさを覚える映像やBGMを使ってその世代の人々の消費拡大につなげる事例や、「古き良き昭和」を感じさせる店をオープンして、その店の持つ雰囲気や扱う商品に懐かしさを呼び起こして集客につなげる事例、認知症の患者に対して、その患者が生き生きしていた過去の記憶を喚起させることで認知症の進行を遅らせたり、改善につなげていったりする事例などが挙げられる。これらの事例において、ノスタルジーの喚起はそれによって実現される何らかの意図、あるいは目的のために操作されるのである。

3　ノスタルジーにおける時間

次に、「記憶によって特定された時間」である。何らかの契機によって呼び覚まされた記憶はある特定の過去と結びついている。デーヴィスは、ノスタルジーの体験の題材として誰もが同意できる一点があるとすれば、それは

「過去」であると述べている。[*8] 言うまでもないことであるが、時間の流れは過去から現在、そして未来へと流れている。この時間の流れの中で、ノスタルジーは現在から過去へと向けられる。ノスタルジーを喚起する記憶は過去において得られたものであるからである。そして、この記憶は現在に至る膨大な過去の記憶の中から選び出された特定の記憶である。すなわち、ノスタルジーを喚起するのは「ある特定の過去の記憶」なのである。

しかし、その一方で未来を視野に入れたノスタルジーもあり得るのではないだろうか。例えば、現在、閉塞的な状況に置かれている人が、過去の自分を振り返ることによって自身のより良い未来につなげようとする事例である。デーヴィスは、この点について、「（ノスタルジーの）体験が現在の状況や条件に対して投げかける比較的あざやかな対照と関係がある」とし、「過去と比較すると、現在の状況や条件は例外なく過去よりも荒涼としている、厳しい、惨めな、醜い、なにかを剥奪されている、満たされない、恐ろしい等々と感じられるばかりか、事実そうだと論証されることも多い」と記している。[*9] この場合、過去と現在との対照が「明と暗」「幸と不幸」といったように二項対立的に理解されているが、現在と過去をそのように理解した結果として、その人が単なる感傷に浸るだけに終わることもあり得るとともに、現在の閉塞状況を打開しようとする方向に向かっていくことも考えられる。この場合、ノスタルジーが喚起する時間の流れは「現在→過去→未来」というものになっていくであろう。本稿では、ノスタルジーの体験が現在から過去の単なる懐古にとどまるものを「消極的ノスタルジー」とし、より良い未来とも関連させた過去の懐古を「積極的ノスタルジー」と呼ぶことにする。

以上は個人的体験と密接に結びついたノスタルジー体験であるが、自分自身の現在の状況に変化がなかったとしても、自分を取り巻く時代、あるいは社会そのものが変化することは当然である。その大きな時代の変化を一つの契機として古き良き過去に視線が向けられるということはあるであろう。この場合のノスタルジー喚起は個人的体験というよりも、むしろ社会的変化の中に求められることになる。但し、この場合でも、それが「昔は良かった」

式の単なる過去の懐古に過ぎないのであれば、「消極的ノスタルジー」として分類されるし、「温故知新」式に新しい未来を創るヒントにつながっていくならば「積極的ノスタルジー」として分類できるであろう。

4 ノスタルジーにおける空間

ノスタルジーにおいて「記憶によって特定された空間」はどのような意味を持つのであろうか。先に、「自発的ノスタルジー」の事例として、小学生の頃に持った山登りの遠足体験を挙げたが、この事例においては、「山」はその時の記憶を呼び覚ます契機としての意味を持っていた。すなわち、その意味では「山」そのものはノスタルジーの対象ではない。しかし、ノスタルジーという言葉の由来が「故郷を恋いこがれる」ことにあったことを思い起こせば、「過去」という時間ではなく「故郷」という場所がノスタルジーの対象となっていることがわかる。以下、本稿では「ノスタルジー喚起の契機としての空間」と「ノスタルジーの対象としての空間」という二点からノスタルジーにおける空間について考察する。なお、本稿において「空間」という言葉は場所そのものだけではなく、その場所を構成するものすべてを含みうる概念として用いる。

それでは、ノスタルジーにおける「空間」とはどのようなものであろうか。本稿ではそれを三つに分類しておきたい。すなわち、「地理的空間」「歴史的空間」「文化的空間」である。

第一に、「地理的空間」である。地理的空間は、先述の山をはじめ、海や川といった自然地理的空間を意味するとともに、都市といった人文地理的空間も含む。山などの自然がノスタルジーを喚起することがあるのは先述のとおりであるが、ある都市の景観がノスタルジーを喚起することもあり得るからである。例えば、ある都市の景観が故郷の景観と似ていると感じた時に故郷のことを想起し、故郷にノスタルジーを感じるといった事例がそうである。

第二に、「歴史的空間」である。これはある特定の空間が、ある特定の時代と結びついているものを意味する。それがノスタルジーを喚起する、あるいはその時代の雰囲気を味わいたいがためにその空間自体を求めるといったことにつながっていくと考えられる。例えば、万国博覧会やオリンピックが開催された会場が、それらを経験した時の記憶を呼び起こし、ノスタルジーを喚起するといった事例がそうである。具体的には、一九七〇年に大阪で開催された万国博覧会のシンボルとなり、現在も残っている、岡本太郎の「太陽の塔」などが挙げられるであろう。その空間はそれらが開催された時代と結びついた歴史的なものであるとともに、それらを経験した特定の記憶と結びついて、ノスタルジーを喚起したり、その対象となったりするのである。

第三に、「文化的空間」である。これはある特定の空間が、ある特定の文化と結びついているものを意味する。例えば、東京の新大久保に現出した「コリアンタウン」や横浜の中華街などが挙げられる。あるいは、石川啄木の「故郷の　訛り懐かし　停車場の　人ごみの中に　そを聞きに行く」の歌に見られるように、その当時、地方からの出稼ぎの人で溢れていた上野駅といった空間も「文化的空間」と考えてよいであろう。そこで得られる懐かしいという感情は遠く離れた故郷に対して向けられているのである。

以上、ノスタルジーとの関連で「空間」について分類したが、分析のアプローチとしては、それらのうちどれか一つを用いた個別的アプローチだけではなく、複数を用いての複合的アプローチも考えられるであろう。

では、なぜ、ある特定の空間がノスタルジーを喚起したり、ノスタルジーの対象となっていったりするのであろうか。そこには次の三つの理由が挙げられる。すなわち、「不在」「消滅」「変貌」である。

第一に、「不在」である。これは現時点でノスタルジーを感じる場所にはいないということである。例えば、先の啄木の歌にあるように、読み手自身が故郷にいない（不在）からこそ、故郷の訛りを耳にして故郷に懐かしさを覚え、場合によっては、「故郷に帰りたい」という語源的な意味での「ノスタルジー」を感じるかもしれないのである。日常的に故郷の訛りを耳にする状況にあれば、すなわち、それは自分自身が故郷にいることを意味するのであるが、故郷へのノスタルジーは喚起されない。これは、まさに自分自身が故郷にいないからこそ立ち現れるノスタルジーなのである。

第二に、「消滅」である。これは文字通り、ノスタルジー喚起の契機となる、あるいはその対象となる「空間」が消滅してしまったことを意味する。例えば、必ずしも適切ではないかもしれないが、二〇一〇年に発生した東日本大震災によって自分の家が、故郷が地震で発生した巨大津波に飲み込まれて消滅した事例があげられる。「故郷喪失」は言うまでもなく「負の経験」であり、それが「懐かしい」という感情を伴うノスタルジーとは直接結びつかないかも知れないし、ノスタルジーではなくむしろトラウマと強く結びつくことの方が多いであろうが、それがもはや存在していないからこそ存在していた当時のことを懐かしく振り返ることもあるであろう。存在していた頃の故郷へのノスタルジーは、被災地の復興において新たな「故郷創出」へとつながっていくエネルギーを産み出すことになる可能性を秘めているかもしれないのである。

第三に、「変貌」である。これは、ある特定の空間が現時点でも存在はしているが、その様相が大きく変貌してしまったことを意味する。例えば、高層ビルの建築や、人口増加に伴う山を削ったり池を埋め立てたりしての大規模な宅地造成、あるいは大型量販店の進出に伴う景観の変貌などが挙げられるであろう。この場合、「変貌前」と「変貌後」には大きな断絶があり、そこにノスタルジーが立ち現れる契機が存在する。その意味では、個人的体験における「輝いていた過去」と「輝きを失った現在」との対照という、先述の時間的な意味での過去と現在との断絶と同じ構図を持つものといえよう。

5 ノスタルジーにおける人

ノスタルジーにおいて「記憶によって特定された人」はどのような意味を持つのであろうか。人は社会的存在であり、独りでは生きていくことができないと言われる。人は自己以外の他者との関係で人に対する記憶を積み重ねていく。しかし、人はまた移動する存在であり、また死すべき存在である。したがって、自身が積み重ねてきた他者との関係は状況に応じて、いつか必ず絶たれてしまうことになる。その時、人は絶たれた他者を想起する契機を持つことになる。とかく、故郷へのノスタルジーが家族や友人の記憶の呼び覚ましと重なるのはそのためである。もちろん、ある既知の人物との出会いによって、共通の過去への記憶が呼び覚まされ、思い出話に花が咲くということもある。それは、ある特定の人物がノスタルジーを喚起する契機となっているのであって、その人物自身がノスタルジーの対象となっているのではない。本稿では、むしろ、ノスタルジーの対象としての人に注目したい。

さて、では、ある特定の人物がノスタルジーの対象となるのはどういう状況においてであろうか。端的に言えば、それはその人物との別れが生じたときであろう。それは生別でもあり、死別でもあろう。とりわけ、死別は、その人物との未来における関係が永遠に絶たれたことにより、関係のすべてが過去のものとなる。その人物と自分自身との関係が親しく濃いものであればあるほど、思い起こされる過去は美しいものとなるであろう。その場合、ある特定の時間や空間がノスタルジーの対象となっていくのは、その人物との関係があればこそであるということになるのである。

6　ノスタルジーにおける記憶

最後に、ノスタルジーにおける記憶について考察する。

これまでの記述から明らかなように、記憶はある特定の時間や空間、あるいは人と結びついているものであり、それゆえにノスタルジーを喚起する契機となっている。逆に言えば、先述のように、ノスタルジーが膨大な記憶の中から特定の記憶を選び出すのである。

では、この記憶はどのような特徴を持つものなのであろうか。デーヴィスは、この点について、「ノスタルジックな感情は、過去の美しさ、楽しさ、喜び、満足、良さ、幸福、愛、等々の思い、要するに、特定の、ないしは存在したいくつかのものを肯定する心情に満たされている」と記し、続けて「ノスタルジックな感情が、われわれが通常、否定的なものと考える情操――例えば、不幸、挫折感、絶望、憎しみ、恥、悪口に満ちていることは決してないといってよい」と記している。[*1] 記憶はある特定の時間と空間と結びついているが、記憶が呼び起こされた時、その時間と空間において起こっていたことのすべてが想起されるわけではない。先のデーヴィスの表現にもあったように、肯定的と思われるもののみが想起されているのである。言い換えれば、否定的なものは除去されているのである。ここに「ノスタルジーにおける記憶」の固有の特徴があるといえる。すなわち、実際には、肯定、否定の両方の記憶が混在しているのが通常の記憶であろうが、それがノスタルジーというフィルターに掛けられて否定的なものが振り落とされ、肯定的なもののみが残されるのである。この点を強調して、ノスタルジーは記憶を浄化するという機能を持つといってよいであろう。この点からすれば、ノスタルジーとは反対に否定的なもののみで満ちている感情は「トラウマ」ということになるであろう。

終わりに

以上、主としてデーヴィスの『ノスタルジアの社会学』に依拠しながら、ノスタルジーという概念について考察してきた。ここでは取り上げなかったが、ノスタルジーを喚起するのは決して個人だけではない。集団もまたそれを単位としてノスタルジーを喚起される存在である。その場合、集団の記憶が構成員自身は体験していない過去にまで遡ってノスタルジーを喚起する契機となることがある。例えば、その集団を「民族」とした場合には、政治によってノスタルジーを喚起させることで民族意識の形成と高揚へとつなげる事例などが挙げられるであろう。この点、本稿ではとくに取り上げなかったが、ノスタルジーの考察においては非常に重要な問題であることは指摘しておきたい。

注

1 フレッド・デーヴィス、間場寿一・荻野美穂・細辻恵子訳、『ノスタルジアの社会学』、世界思想社、一九九〇年、四頁。
2 同前、八－九頁。
3 同前、九頁。
4 同前、一〇－一一頁。
5 ここでは、次のような文献を挙げておく。
今福龍太・沼野充義・四方田犬彦編、『世界文学のフロンティア4　ノスタルジア』、岩波書店、一九九六年。

楠見孝編、『なつかしさの心理学――思い出と感情』、誠信書房、二〇一四年。

細辻恵子、「ノスタルジーの諸相」、作田啓一・富永茂樹編、『自尊と懐疑』、筑摩書房、一九八四年、所収、一〇
一－一二八頁。
堀内圭子、「消費者のノスタルジア――研究の動向と今後の課題」、『成城文藝』第二〇一号、二〇〇七年、（一）
一九八－（二十）一七八頁。
6　デーヴィス、前掲書、一二頁。
7　同前、一一頁。
8　同前、一三頁。
9　同前、二三－二四頁。
10　同前、二一頁。

I. ノスタルジーが自立するまで

――「故郷」からの距離――

九里順子

初めに

日本近代文学において、「ノスタルジー」は「郷愁」とも表現されてきたように、「故郷」と密接に関わっている。この共同研究の最初に、今林直樹が「ノスタルジー」を「何らかの契機により呼び覚まされた記憶によって特定された時間および（あるいは）空間に向けられた個人および（あるいは）集団の心理状態」と定義しているが、近代文学においては、特定の時間及び空間がその詩人固有のトポスになると同時に、そこで掬い上げられた本質性、根源性が読者に共有され、それぞれの「ノスタルジー」を喚起するということになろう。詩人にとって「故郷」が如何に本質的なテーマであり続けたかについては、夙に、境忠一が『詩と故郷』（桜楓社　昭46・3）で骨太の詩史を構築している。境は、「日本の近代の場合、故郷あるいは故郷喪失の問題は、近代化あるいは西洋化の問題、したがってそれと対立する土着性あるいは土俗性の問題と結びついていると同時に、それは詩人の精神の本質と結びついているといえる。」と個のアイデンティティ形成の基盤が「故郷」であるとし、続けて「日本の詩人の場合、近代化の問題が詩形や表現と結びつきながら、その時代の人間実存の姿として典型化されているといえるかもしれない。」と「故郷」との関係化と自己認識の時代的象徴として詩人を意味付けている。[*1]

これを「ノスタルジー」の側から照射すれば、「故郷」とは「ノスタルジー」が生じ、その対象になるトポスであり、「ノスタルジー」とは「故郷」を介して存在の起点に回帰しようとする心性であると言える。近代の詩人たちはどのように「故郷」を仮構しつつ、自己を存立させようとしていったのか。今林は、「ノスタルジー」と「記憶」の相関性について、記憶がノスタルジーを喚起する時間と空間を特定化し、ノスタルジーは記憶を浄化すると述べているが、詩においてノスタルジーは多層的な記憶を秩序化し、仮構された故郷へと押し上げていく。本稿では、明治二十年代の、都市の日常を生きるための「故郷」（宮崎湖処子）から、昭和初年の、もはや実体を必要としない「故郷」の出現（立原道造）に到るまで、ノスタルジー形象としての「故郷」の変容を辿っていきたい。

1　対立項としての故郷

明治二十三年六月に民友社から刊行された宮崎湖処子の『帰省』は、明治末年までに二十五版を重ねてベストセラーの一つになるほど、多くの読者を獲得した。[*2] これについて北野昭彦は、「この人気の秘密は、それまでの近代文学に扱われなかった地方出身者の内なる〈故郷〉の重さ、〈故郷〉との関わりを初めて問題にして典型化し、文学世界に定着化した点にある。[*3]」と上京青年たちの心情を構造化し、状況の中で位置付けたリアリティにあると評価している。それは、上京青年たちの現実である「都会」をその出自である「田舎」と対比させ、田舎の美質を発見し普遍化することで根源的な拠点を保持しようとする志向性である。北野が「多くの地方出身者が漠然と内にもっていた故郷観念に初めて具象的な文学表現の形を与えることにより、田園小説・帰省小説という新しい文学ジャンルを創り出して一つの文学的達成を示した作品だといえるであろう。[*4]」とその先駆性を位置づけているように、湖処子の『帰省』は、国木田独歩、石川啄木、大正期の佐藤春夫、室生犀星、萩原朔太郎へと続く故郷と都会の相克というテーマの嚆矢であると言える。『帰省』は、その後の近代文学の「故郷」像の原型を創出したのである。

『帰省』の「我」は、湖処子自身がモデルである。湖処子、本名宮崎八百吉（元治元・一八六四〜大正11・一九二二）は、福岡県の三奈木村に生まれ、上京して東京専門学校で学んだ。東京専門学校時代に北村透谷を知り、明治十九年五月には、牛込教会で受洗してクリスチャンになっている。政治家を志望するも挫折し、官位という出世コースからも疎外されたが、評論『国民之友及び日本人』（集成社　明22・12）によって民友社主宰の徳富蘇峰に認められ、作家として活躍するようになる。[*5]作中では、文筆で身を立てるに到った主人公が、父の一周忌のために六年ぶりに故郷（「筑前咸宜村《みなぎ》」）に帰るという設定であるが、湖処子自身の明治二十二年八月の帰省に基づいている。

「第一　帰思」では、父の死去を契機に、出郷から今日に到るまでが回想され、生活の落着きと共に望郷の念が甦る場面が描かれている。[*6]

斯くて吾枯骨は肉着き、妄念は漸く失せ、苦想憂愁消滅し、生活の道漸く開くるに及んで、故郷の幻影油然として復活し来れり。今春四月誘ふ友ありて一日の郊遊をなし、小金井堤の桜より、国分寺の旧跡を訪ひ、有名なる多摩川を過ぎて、武蔵の勝地百草園なる崇邱に上り、且俯し且仰ぎ、半里四方に布き延ばされし村落の形影、烟家の景色、平野、高原、森樹、江湖等、縦横参差せる活地図、別ても邱を繞れる蔬菜の黄花、豆麦の緑葉、蓮華草の紅原等、画き成したる鄙の錦の活画幅は、宛も故郷の春の幻姿なるを見て、遂に又左の如く記しぬ。

「我」は、東京郊外の風景に故郷を重ねて見ているが、「幻影」「幻姿」という表現が注意される。漸く故郷に到着した翌朝、「我」の目に映じた風景も、「諸山の暁色に夜は明けて、一百峯は磨くが如く孱顔を顕し、炊烟深処に認むる山村、野水、縦横したる曲処に見ゆる水郭、長堤、之を聯ぬる暁《よあけ》の露、平野に溢るゝ秋色は、満眼故郷の幻姿なりけり。」（「第三　吾郷」）と実際に見ているにも関わらず、やはり「幻姿」である。「我」の脳裏に刻まれた像が、故郷を捉える際の枠組みになっている。

「我」は六年ぶりの故郷の現実から目を背けている訳ではない。帰省途上の馬関では、遠縁の少年と遭遇し、少年から、一昨年の飢饉が村を困窮させ、多くの村民が新興の養蚕事業に手を出して一時は利益を得たものの、浪費と遊蕩によって更に荒廃した現状を聞く（「第二　帰郷」）。少年は米相場にも手を出して「吾財産の倍を賭け」て失敗し、債務を負って故郷を立ち去る破目に陥ったのである。「村落は今我を棄て、冷笑と苦顔は吾耳目を潜りて往き、」という少年の言葉から、地縁血縁で結ばれた村落共同体の苛酷な面も過たず捉えていることがわかる。早々と、第二章で変貌する故郷を描いたことに、実状を認識した上で、上京青年にとっての故郷像を打ち出そうとする作者の姿勢が窺える。

「我」は「慰藉を期する吾故郷の既に荒破村たるを悲しみ、渠が流民たり自棄者たることを憐み、」と感慨を催す。「荒破村」という把握については、夙に、笹渕友一が、蘇峰や『東京新報』の評言を踏まえつつ、「東京専門学校の同級生北村透谷が二十三年中に「荒村行」を訳してゐたことから推せば湖処子が読んでゐたことも多分に考へられると思ふ。」[*7]とゴールドスミスの「荒村行」（"The Deserted Village"）受容の可能性を示唆している。明治二十三年当時の英語入門の一般的テキストに『スヰントン氏英文学詳解』があり、[*8]ゴールドスミスも収録されているので、湖処子が読んだ可能性は高いであろう。「荒村行」では、質素だが充実した暮しを営んでいた村が、商人に土地を強奪され荒廃してしまった現状を、語り手が嘆き悲しむ。湖処子の田園思慕は、陶淵明、老子の受容が基盤になっていることは既に指摘されており、[*9]「第一　帰思」の冒頭に陶淵明の「帰田園居」が引用されていることからも、それは窺える。ゴールドスミスによって、時代を批判的に捉える視点へと田園思慕を構造化したということになろう。「商売に伴ふて入り来れる数多無情軽薄の徒」（'trade's unfeeling train'）によって「富者に屈従する所の貧民」（'every want to opulence allied'）が生じ、「田舎の朴訥なる歓楽風儀は今や去りて其痕跡を止めず」（'rural mirth and manners are no more'）[*10]という貨幣経済の悪徳と田舎の美徳との対比的関係は、「犬吠馬行の墟巷は看る看る浮華の都会とならんとせしなり。」という少年の言葉と重なる。『帰省』の、浮薄、虚偽の都会と質朴、真実の田舎という対立的な構図は、ゴールドスミスを踏まえつつ、貨幣という圧倒的な近代の力によって損なわれはしない、人間の普遍性を田舎に見出していく。

今や生活の大迷宮、人世の中心なる都会に出で、歩み難き行路の難に陥り、吾才の我を活すに足らざるを悟り、吾労力の空なるを嘆じ、翻然として前日の非を悔ひ、謂へらく、大望は臓腑に置かれし酒精の如く、飲むに従ひて心思を銷《け》す、功名富貴は波上の花に似て、追ふに従ふて益々遁ると。帰り来りて故人に対すれば、吾煩悩も一時に絶えぬ。見よ渠等の眼は妄念の花に曇らず、其呼吸は都人の銅臭なく、其言語は名誉の気を吹かず、嫉妬も怨恨も其胸中を侵さず、（略）其生活は安けき一場の夢の如く、渠等の生命は平和の日と平和の夜との長連鎖なるを。

（略）

帝国憲法は発布せられぬ、然れども渠等は明年の代議院が、此の不如意の世界を如意の時世に変らしむることを想はざるなり。新町村制の為に村長の競争は激しかりき、然れ共無事の日多き此里に、彼等は長君の誰彼を問はざりしなり。外務大臣は諸外国と条約改正の談判を開き、各個の政党は町野に抗争しつゝあるも、渠等は相変らず明日の天気を卜へり。　（「第三　吾郷」）

田舎は時世に棹差さないユートピアであると共に、都会や時代の動きを相対化する存在として意味づけられている。それは、時代の動きや風潮を常に意識せざるを得ないのが、現実の生だということでもある。引用で省略した箇所には、「希白流《ヘブリウ》の詩人嘗て歌へり、「天はヱホバの天なれど、地は人の子に与へ玉へり」と。夫れ人の子の裡、最も地より養ふものは農夫なり。（略）神の力地に住めり、渠等の為す所は唯耕焉《たがへし》、植焉《うゆる》あることのみ。」と『旧約聖書』の「詩篇」及び「創世記」を踏まえた件があり、「我は嘗て謂らく「老子の玄々を談ずるは、遥に埃田の生活を夢みしなり。孔子が明教を説くは、是れ涙の谷を和ぐるなり。涙の谷或は和ぐべきも、埃田には帰るべからず」と。然れども夫の淳樸なる風俗を以て、単簡なる生活を行《や》ること吾郷の如き村落は、実に帝郷を去る遠からず、楽園の模型も尋ね難きにあらざるが如し。孔子若し起すべくんば、責むる所多かるべきも、老子帰り来ることあらば笑みなん。」と老子が望んだものに近い世界をここに見る。クリスチャンでもあった湖処子は、聖書の記述に拠って、根源的世界を具象化し、「アルカディア的田園」（笹渕友一）[*11]を形成していく。「我」の脳裏に刻まれた故郷の「幻姿」に回帰すべき内実を与え、時代状況を相対化する位置に置くことによって、田舎は都会と共に成立する、相互に不可欠の関係性となる。故郷像と現在に内面的通路が成立したからこそ、故郷は自分が本来在るべき場所としてノスタルジーの対象となり、ノスタルジーの不断の源泉となる。

『帰省』を思想、出版両面から支えたのは、蘇峰であるが、北野は、「蘇峰のいうように、「田舎人の眼を以て田舎の消息を写出した」「田舎紳士」の文学としての性格をもちながら、蘇峰よりもっと土着的な農村共同体の世界に根ざした農村出身の知識人の心情と、その固有の精神構造を典型化した最初の作品でもあった。」と述べている。[*12]北野が指摘するように、故郷到着の「第三　吾郷」に続く「第四　吾家」では、「吾家の系図は十年前旧里正の一家が他に越せしより、吾郷に在りて最旧家の一に数へられたり。」「吾父は一たび落ちたる祖先の世より、一代に富を挙げ、吾郷に於る上流の地主、吾系図の中興の君主、五男二女ある大家族の祖となりしなり。」と危機を乗り越えて、この地で営々と地位を築いてきた家系であることを誇らしげに語り、家族の紹介で一章を費やしている。家を継いだ長兄は、「渠は生れて善人にして、少なく学びて多くを知り、浅く言ひて深く思ひ、多く与へて少なく取れり。」と恩愛に満ちた一家の長として描かれる。自分を育み、東京へ送り出してくれた家族は、まさに「吾家」というトポスであり、先験的に肯定さるべき存在である。湖処子が、老子や聖書に拠って故郷を根源化し、都会的現実とは異なる田舎の生活を拮抗させたのは、出自としての故郷が実存的拠点たり得ていたからである。その核心である家族は、父亡き後も恙無くこの地で暮している。「第五　郷党」は、「我」のために催された宴の場面である。「我」が「窃かに渠等の一人に、今年の桑苗如何なるや」を尋ねると、「渠等は顔を顰めつゝ、「是は一場過眼の夢にして、二年以来皆農事に復りぬ」と、殆ど忘れしもの、如く答へ」、「我をして頓に安堵」せしめる。故郷は、一たび「荒破村」として相対化された上で土着的生活という本道に復帰し、実存的拠点は実在的にも帰り得る場所となる。

懐かしい故郷は、実存と実在の拠点として現在に組み込まれる。この後、「我」は、宮野村の叔母を訪ねて「意中の幻影」たる従妹に再会し、「唯一個自由の民」として生きていく決意を叔父に語る（「第六　恋人」）。トポスの核心とも言うべき母の実家の佐多村を訪れて「義理、人情、道徳、宗教、都会に賤み掃かれし心理は、皆来りて茲に隠れぬ。」と心から安らぎを覚える（「第七　山中」）。帰京の日が近づき、「斯くて故郷の快楽、恋愛の希望、自然の景色、漸く画巻の捲き尽され、幻影の醒めゆく如く移る裡に、我は父の死後、吾家の境遇のいと転変せるを認めたり。」と兄の代になって家内が無頓着になった様子に気付く（「第八　追懐」）。これに対し、「吾母」は、「父は家内の経済を旨とし、兄は戸外の慈善を専らとす。且つ前代の家より後代の家になるまでは、必ず沈落の日あること」を語る。故郷の血縁者と語ることで都会で生きる決意を新たにし、転変を伴いつつ拠点が守られていくことを知るのである。

結婚を約した従妹も「意中の幻影」と表現されているように、『帰省』では、胸中の面影、像を確認するという姿勢が一貫している。それは、絵巻を広げる行為に等しいことを「我」は自覚している。家の代替りは、田舎には田舎の時間が流れていることの証であり、変容しつつも血脈は受け継がれ守られていく。「我」は現在の都会の時間を生きつつも、田舎の時間を甦らせて体内にある揺るがぬものを確かめ、「唯一個自由の民」の支えにしていく。

故郷へ向かうノスタルジーは再び現在に戻って、現在と過去を環流する構造となり、都会の日々を支えていくのである。

已ぬる哉浦島太郎の龍宮の三百歳も三日に覚め、リップバンヰンクルの山中の一百年も一夜に過ぎたる如く、我も亦二週間の故郷の幻影を、一呼吸の如く暮したれば、今は唯上京の用意として四日五日の余りしのみ。

（「第九　離別」）

別れに当って長兄は、「卿既に独立の身となれり。願くは他郷に父の名を汚がすこと勿れ。（略）願くは在京の郷人の為に尽力せよ。首府若し卿を容れずんば、復帰りて吾家に食へ」と「我」を戒め、励ます。「幻影」を確かめる帰省は、「幻影」に内実を与え、現実的な紐帯も確かめられた。「回顧すれば是迄送り来りし兄弟は、此より去りて空しく眼中の幻影となりぬ。尚ほ往くほどに、郷党も亦去りて幻影となり、我同年の友は我を送り来ること二里、亦去りて幻影となりぬ。今は我家を出づること三里、車を停めて願望すれば。吾故郷も亦幻影となり、暫らく見えて亦消へぬ。」と眼前の「幻影」は次々に胸中の「幻影」に戻っていく。「幻影」として形象化され、伴走者となるのが、『帰省』のノスタルジーである。故郷に実在する拠点であり都会の実存的拠点であるという、物理的距離感と重層する時間を絶妙に表現した語が、「幻影」「幻姿」である。『帰省』のノスタルジーは、重層する時間を成立させる感情であり、内面化された故郷と都会の現在を共に生きる上京青年たちの意識を掬い上げたのであろう。

都会に対する批判的な視線と田舎の称揚という構図は、『帰省』以前に蘇峰によって提示されており、「青年学生は奚ぞ故郷に帰らざる奚ぞ田舎に遊ばざる」（『国民之友』56号　明22・7）で、「凡そ都門の空気に触る者は、動もすれば驕奢に失し易く、動もすれば虚飾に過ぎ易く、動もすれば紳士然となり易し、青年学生固より斯の風に染み易きなり（略）吾人は曰く、青年学生は正しく其の故郷に帰るべし、故郷に帰て父母兄弟の慈眼愛腸に接すべし、遊子豈に故郷を思はざらんや、（略）若しそれ故郷に帰へる便なき者は、宜しく田舎に往くべし、（略）顧ふに此の避暑休暇は、実に我が青年学生の命の洗濯を為すべき時なり、」と帰省の現実的効用が説かれている。熊本の豪農出身で、イギリスの「ジェントルマン」に倣った「田舎紳士」を平民主義の構成要員として打ち出した（「隠密なる政治上の変遷」『国民之友』15～18号　明21・2、3「田舎漢」『国民之友』52号　明22・6）、蘇峰らしい発言である。

一方で、蘇峰は、「故郷」が昇華された想念であることも、的確に指摘している。「何をか故郷と云ふ。其出産したる地方なるか、其成長したる地方なるか、其故郷の区域は、面積幾方里なるか。（略）故郷は必ずしも客観的の土地に非ず、唯其人の心に忘れんと欲して忘る、能はざる最初の感触の劖刻せられたる処、之を故郷と云ふのみ。（略）故郷は則ち過去の記憶と想像とを以て、建立したる神聖なる殿堂なり。東流の水の海に注ぐが如く、人の想念は此の殿堂に向て注ぐなり。（略）故郷は一種のインスピレーシヨンなり。琴線一たび此に触れば、無限の妙音を発す。」（「故郷」『国民之友』84号　明23・6）[*13]と「客観的の土地」である必要はなく、自分が自分であり得る「最初の感触」が刻み込まれた場所であるという把握は鋭い。第二節で考察する北村透谷も、この文章に触発されたところがあるのではなかろうか。蘇峰は、「故郷」とは記憶が理想化されて作り上げられた「神聖なる殿堂」であり、インスピレーションの源泉であると述べる。

蘇峰の発言は、自分の存在の原点と本質を確かめるために回帰するトポスという面では妥当であるが、高みから与えるという一方向の指摘に止まっている。他方、湖処子の『帰省』は、田舎の現状と変貌の底にある不変を見出して、田舎と都会の内なる関係性を描いたからこそ、上京青年たちが、リアリティを感じたのである。これについては、先に北野が言及していたように、蘇峰も「帰省を読む」（『国民之友』88号　明23・7）で、「我邦の文学は、都会の文学なり、東京の文学なり。その文学者が写す所のもの、多くは東京人士の生活のみ。（略）而して所謂田舎人の眼を以て、田舎の消息を写出したるは、是亦た此書の特異の性質と云はざるを得ず。（略）田舎の若者が、桑苗商法に失敗したるが如き、若くは士族の農夫と成りたるが如き、其旧家が追々財産を失ひ、投機に手を出し、更に失敗したるが如き、皆是れ今日田舎の実状を描き出したる者にして、吾人は之を読み来り、宛もゴルドスミスが荒村感懐の詩を、誦するが如く覚ふるなり。」と称賛している。

湖処子は、『帰省』において、現実の三奈木を「最初の感触」が刻み込まれた「故郷」としての咸宜に昇華させ、根源的な故郷と都会の現実を拮抗する関係性として描き、往還する内面的回路を作った。この回路によって過去（故郷）を批判的視座として現在（都会）に組み込み、現在を生きる姿勢に向わせるのが、環流するノスタルジーである。

「最初の感触」を「故郷」として実体化し得た湖処子に対し、東京専門学校の同窓生でもあった北村透谷は、蘇峰が言う「必ずしも客観的の土地に非ず」という本質を突き詰めていった感がある。それは、ノスタルジーが行き場を失うことでもあった。

2　想念のトポス

北村透谷（明元・一八六八～明27・一八九四）は、十代半ばで自由民権運動に加わるが、運動は激化し、次々に弾圧されていく。旧自由党の幹部であった大井憲太郎を中心に、民権運動の再興を図るための「朝鮮革命計画」が持ち上がる。明治十八年の夏、透谷は、盟友の大矢正夫から資金調達のための強盗計画参加（一連の革命計画と強盗事件は、大阪で判決が下されたため、「大阪事件」と呼ばれる）を求められ、懊悩の末、拒絶し、運動から離脱する。[*14] この離脱は、透谷の人生に決定的な影響を与え、石坂ミナとの出会いと恋愛、キリスト教入信を経て、日本で最初の本格的な恋愛論「厭世詩家と女性」(『女学雑誌』303、305号、明25・2・6、20)、山路愛山との論争を通して文学の本質論を展開した「人生に相渉るとは何の謂ぞ」(『文学界』2号　明26・2)等、近代のテーマの先駆的な探究者となる。

透谷は、民権運動離脱から七年後、かつて親交を結んだ八王子川口村の秋山国三郎を再訪する。この時の印象深い再訪記が「三日幻境」(『女学雑誌』甲の巻325、327号　明25・8、9)[*15]である。この中で、透谷は、ゴールドスミスの「荒村行」を引用しつつ、追懐の念を述べる。

> 常に惟ふ志を言ひ志を行はんとするものは必ずしも終生を労役するに及ばず。詩壇の正直男(ゴールドスミス)この情を賦して言へることあり。
>
> I still had hopes,my long vexation past,
> Here to return —— and die at home at last.
>
> 浮世に背き微志を蓄へてより世路酷だ峭嶢烈々たる炎暑凄々たる冬日いつはつべしとも知らぬ旅路の空をうち眺めて屢正直男と共に故郷なつかしく袖に涙をひぢしことあり。
>
> われは函嶺の東、山水の威霊少なからぬところに産れたれば我が故郷はと問はゞそこと答ふるに躊躇はねども、往時の産業は破れ知己親縁の風流雲散せざるはなく、快く疇昔《そのかみ》を語るべき古老の存するなし。山水もはた昔時に異なりて豪族の擅横をつらにくしとも思ずうなじを垂るゝは流石に名山大川の威霊も半死せしやと覚て面白からず。「追懐《レコレクション》」のみは其地を我故郷となづけど、「希望《ホープ》」は我に他の故郷を強ゆるが如し。

「荒村行」の引用は、第六連で語り手が'In all my wanderings round this world of care,'(「心配の多き此世界を予が流浪する際」)に、「予」が'I still had hopes, my latest hours to crown,'と「晩年を安かに送らんとするの翼望」を

述べていく、その最後の箇所である。透谷は、ゴールドスミスの漂泊と自分の人生を重ねつつ、最後に戻るべき場所として「故郷」を捉えている。

しかし、透谷にとって、小田原という現実の生れ故郷は、もはや「故郷」ではない。明治十四年に北村家は東京に移住し、透谷と弟の垣穂は銀座の泰明小学校に転校する。透谷は、往年の面影も人間関係も消失してしまったとして、「荒村行」さながらに現在の小田原を描いている。これについて、平岡敏夫は、透谷一家が住んでいた唐人町から見えた小田原城は明治三年に廃城となり、藩主大久保忠良は翌年に東京へ移住、小田原城址は陸軍省の直轄地となったこと、近代化の推進と共に町村合併や神社仏閣・社祠仏道の合社廃堂が行われ、伝統的な共同体が崩壊していったことを具体的な事実として指摘している。[*16] 佐幕派の小藩であった小田原藩は、維新後、藩閥政府の容赦ない支配を受けたのである。歴史的状況と共に、ここには、明治六年秋、父快蔵が転職に伴って東京に移住し、母ユキも五月に生れたばかりの垣穂を連れて同行し、透谷は明治十一年まで祖父玄快と継祖母ミチの許に残されたという家族関係も関わっていよう。透谷は、結婚前のミナ宛書簡草稿（明20・8・18）で、「生の母は最も甚しき神経質の恐るべき人間なり、」「此やかましき祖父と我が利益には余り心配せぬ祖母との間に養育せられたる」と疎遠な感情を語っている。湖処子とは異なり、親和性は希薄である。

「「追懐《レコレクシヨン》」のみは其地を我故郷とうなづけど、「希望《ホープ》」は我に他の故郷を強ゆるが如し。」という透谷の言は、「故郷」とは想念であり、回帰する場所が今後を生きる起点ともなることを端的に示している。「回顧すれば七歳のむかし我が早稲田にありし頃我を迷はせし一幻境ありけり。」と民権運動時代が語られていくが、「幻境」とは、透谷、秋山国三郎、大矢正夫が共に寝泊りをした国三郎の家がある川口村である。「おもむろに庭樹を瞰《なが》めて奇句を吐かんとするものは、此家の老畸人、剣を撫し時事を慨ふるものは蒼海、天を仰ぎ流星を数ふるものは我れ、この三個一室に同臥同起して玉兎幾度《たび》か罅《か》け幾度か満ちし。」と三者三様の姿を的確に描き出すが、これは、大矢と袂を別ったその後を暗示する。透谷は、強盗決起への不参加について、「われは髪《はつ》を剃り笻《つえ》を曳きて古人の跡を踏み、自から意向を定めてありしかば義友も遂に我に迫らず、遂に大坂の義獄に与らざりしも、我が懐疑の所見朋友を失ひしによりて大に増進しこの後幾多の苦獄を経歴したるは又た是非もなし。」と述べ、その後の人生を「幾多の苦獄」と表現している。

「苦獄」としての世界観は、想念という次元で「幻境」と接続する。透谷は、「我が幻境は彼（引用者注：国三郎を指す）あるによりて幻境なりしなり。わが再遊を試みたるも寔《まこと》に彼を見んが為なりしなり。」と国三郎の存在が川口村をトポスとして成立させていることを認識している。「苦獄」以前の親和的な人間関係の中心が国三郎であり、その記憶によって「幻境」は存続している。「明くれば早暁老鶯の声を尋ねて鬱叢たる藪林に分け入り旧日の「我」に帰りて夢幻境中の詩人となり、」「我は人を待つ身のつらさを好まねば小娘《こむすめ》と其が兄なる少年を携へて網代と呼べる仙境に踏入れり」「やがて砧の音と欺かれて兎《と》ある一軒《ひとむね》の後ろに出づれば仙界の老田爺が棒打とか呼べることをなすにてありけり。」と「幻境」は「仙境」「仙界」として位置づけられている。現実の外にある世界なのである。

　この夜の紙帳は広くして我と老侠客と枕を並べて臥せり、屋外の流水夜の沈むに従ひて音高く、我が遊魂を巻きてなほ深きいづれかの幻境に流し行きて、われをして睡魔の奴とならしめず、翁《おう》も亦たねがへりの数に夢幾度かとぎれけむ、むく〳〵と起きて我を呼びこれより談話俳道の事戯曲の事に闌にしていつ眠《ね》るべしとも知られず。われは眠りの成らぬを水の罪《とが》に帰して

　　七年を夢に入れとや水の音

と詠みけるに翁はこれを何とか読み変へて見たり。

湖処子の『帰省』でも、母の郷里の佐田村を訪ねて「横棹訪桃源」「追浪下桃源」と桃源郷に擬えていた。佐田村はアルカディアの核心であり、『帰省』の「我」は根源的な場所を親族と共有し、現実の都会に戻ることができた。しかし、透谷の「幻境」は、「なほ深きいづれかの幻境」へと更に外部への通路は持つが、湖処子のようにこちら側の現在との往還する関係性を持たない。透谷は、国三郎に「この過去の七年我が為には一種の牢獄にてありしなり。我は友を持つこと多からざりしに、その友は国事の罪をもつて我を離れ、我も亦た孤煢《けい》為すところを失ひて浮世の迷巷に踏み迷ひけり。」と無沙汰にしていた七年間を語る。牢獄意識は「夢に入れとや」と、ここよりも彼方の幻境へ流れていかない限り消えることはない。透谷の「幻境」は、実在的には帰り得る場所であるが、実存的には戻れぬ場所であり、「幻境」へ向かうノスタルジーは、過去との断絶を意識させることになる。

第一節で触れた蘇峰の「故郷」（『国民之友』84号　明23・6）は、故郷が昇華された観念であると指摘した後で、「蓋し家を愛するの念と、故郷を愛するの念と国を愛するの念とは、咸《み》な基本を一にする者なり。」と述べている。これは、それぞれの概念の次元差を無視して言説を一元化し、国を頂点とするヒエラルキーへと整序する発言である。想念を現実の「家」や「故郷」や「国」へと容易に還元する発言である。これに対し、透谷の「希望《ホープ》」としての故郷は、実体的な都会にも田舎にも回収されない、自立する観念の可能性があった。しかし、「幻境」は、「希望《ホープ》」としての故郷、生の起点にはもはやなり得ない。ノスタルジーは過去から現在に還流するのではなく、生の時間軸の外へ自己を連れ出していくのである。「三日幻境」と同じ頃に発表された小説「我牢獄」（『女学雑誌』甲の巻320号　明25・6）には、そのような「故郷」とノスタルジーが描かれている。

我は生れながらにして此獄室にありしにあらず。もしこの獄室を我生涯の第二期とするを得ば我は慥《たし》かに其一期を持ちしなり。その第一期に於ては我も有りと有らゆる自由を有ち、行かんと欲するところに行き、住《とど》まらんと欲する所に住まりしなり。（略）今にして思へば夢と夢とが相接続する如く我生涯の一期と二期とは懵々たる中《うち》にうつりかはりたるなるべし。我は今この獄室にありて想ひを現在に寄すること能はず、もし之を為すことあらば我は絶望の淵に臨める嬰児なり、然れども我は先きに在りし世を記憶するが故に希望あり、第一期といふ名称は面白からず、是を故郷と呼ばまし、然り故郷なり、我が想思の注ぐところ、我が希望の湧くところ、我が最後をかくるところ、この故郷こそ我に対して我が今日の牢獄を厭はしむる者なれ、もしわれに故郷なかりせば、もしわれにこの想望なかりせば、我は此獄室をもて金殿玉楼と思ひ了しつゝ、楽き娑婆世界と歓呼しつゝ、五十年の生涯誠とに安逸に過ぐるなるべし。

語り手の「我」は、気がつけば牢囚の身となって久しい。それは、「今にして思へば夢と夢とが相接続する如く我生涯の一期と二期とは懵々たる中《うち》にうつりかはりたるなるべし。」とどの時点であるかは判然としない。ここでもゴールドスミスを踏まえつつ、「我が想思の注ぐところ、我が希望の湧くところ、我が最後をかくるところ、」と「第一期」即ち「故郷」が意味付けられている。「故郷」の記憶があるから自分は牢獄で生き長らえているが、そのような「故郷」を持たなかったならば、牢獄を牢獄として認識することもなかったのである。「故郷」の存在は、現在の根拠と閉塞の二律背反状況を作り出す。「我が想思」は「故郷」へと注がれるが、ノスタルジーは今ここの生を辛うじて保持させるに留まり、未来への展望はない。「故郷」＝「第一期」、「獄室」＝第二期と、不可逆的な時間に変換されていることが注意される。「我」にとって「故郷」は戻り得ぬ過去なのである。

「我」は、「知覚我をはなれんとす死の刺《はり》は我が後に来りて機《おり》を覗《ねら》へり。」と近づきつつある死を感じ、「暗黒！、暗黒！、我が行《ゆ》くところは関《あづか》り知らず。死も亦た眠りの一種なるかも、「眠り」ならば夢の一つも見ざる眠りにてあれよ。をさらばなり、をさらばなり。」と死の平安を待ち望みつつ小説は終わる。不可逆的な過去へ向かうノスタルジーは現在の生を支え切れず、閉塞からの脱却は死に依る他はない。

透谷の「幻境」としての故郷は、固有の想念という本質を顕在化させた点で画期的であった。それは、蘇峰の「故郷」が容易に政治的文脈に接続され得るのに対し、大きな文脈によって固有性が無化されることを回避する次元を打ち出していた。しかし、「故郷」を自分の生の連続性の中へ組み込む経路を見出せず、「なほ深きいづれかの幻境」へと生きる時間の外部へ押し出すことになってしまった。ノスタルジーは、架橋のない過去の断崖を流れ落ち、滞留する地点も持たないままで、生を断念させるのである。

3　気分としての「郷愁」

近代文学においてノスタルジーという言葉は、森鷗外が訳した『即興詩人』（春陽堂　明35・8）[*17]の中で、「テレザ」と恋人「ジュウゼツペ」のエピソードを引き合いに出しつつ「思郷病《ノスタルジア》」として紹介されている。「オレワアノにテレザといふ少女ありき。恋人なるジュウゼツペが山を踰えて北の国に往きしより、恋慕の念止むことなく、日を経るに従ひて痩せ衰へぬ。フルヰアの老媼《おうな》はテレザの髪とその蔵め居たりしジユウゼツペの髪とを銅銚に投じて、奇しき薬艸と共に煮ること数日なりき。ジユウゼツペは他郷に在りしが、我毛髪の彼銚中に入ると斉しく、今まで忘れ居つるテレザの慕はしくなりて、醒めては現に其声を聞き、寝ねては夢に其姿を視、そゞろに旅のやどりを立出てゝ、おうなが銚《なべ》の下に帰りぬといふ。ヱネチアには我髪を烹る銚あるにあらねど、わがこれを憶ふ情は、恰も幻術の力の左右するところなれるが如くなりき。われ若し山国の産《うまれ》ならば此情はやがて世に謂ふ思郷病《ノスタルジア》なるべし。（欧州人は思郷病は山国の民多くこれを患ふとなせり。）」と恋人にも等しい故郷の吸引力を「思郷病」の端的な例として挙げている。「恰も幻術の力の左右するところなれるが如く」と喩えているように、理性を超えた病理として捉えられているが、それだけ人間の心身に根差しているということであろう。括弧書きで、病理としてのノスタルジーの起源について触れているのも、鷗外の啓蒙家的姿勢が窺えて面白い。

文学概念として「郷愁」を紹介したのが、片山孤村「郷土芸術論」（『帝国文学』明39・4、5）[*18]である。孤村は近年のドイツ文学に起った新思潮として、「自然主義を標榜しながら其実は却て自然に遠ざかり、技巧に偏し本を忘れて末に趨れる十九世紀末の独逸文壇に、清新にして而も浮華ならず、質実剛健なる気風を吹き込まんとして起つた運動は即ち郷土芸術《ハイマートクンスト》 Heimartkunst で有る。何故に郷土文学と云ふかなれば、郷土は都会の反対で有る、近世の文学が主として都会の人間と生活とを詩材とし、且つ専ら都会の人に読まれむとした傾向あるに反して、郷土芸術は詩人の郷土、即ち其民族 Stamm と其他の自然とを取つて之を詩化せむとするので有る。」（「一、総論」）と「郷土《ハイマート》芸術《クンスト》 Heimartkunst」を挙げている。

孤村は、「郷土芸術」が勃興した社会的背景を「十九世紀に於ける大農制度の発達と共に、無数の農民は漸次耕すべき田地を失ひ、終には糊口の途すら奪はれたので、祖先伝来の家屋敷をも売払ひ、泣く〳〵住み慣れた故里を見捨て丶都会に移り、労働者となつて纔に飢を凌ぐやうな悲惨な境遇に墜つた。（略）そこで大抵の者が自暴自棄の結果、「貧民族」Proletariat と云ふ第四階級に堕落し家運再興の望も昔の夢となつて了ふ。併しながら郷愁 Heimweh と云ふ心の傷は永遠癒ゆる時がない。」（「二、郷土芸術の変遷」）と説明している。大規模資本による土地の搾取と都市文明の偏向への批判的価値として「郷土」が対置され、その根底に「自然」が据えられる。「郷愁」は、生活を奪われ都会へ流出した「貧民族」において、本来の生活に戻りたくても戻れない痛切な思いとして現れるのである。

孤村は続けて、「以上は只貧民と云ふ社会の一少部分に於ける現象に過ぎないが、全人類に於ても一種の「郷愁」が有る。人類の故郷は即ち「自然」で有る。然るに文明の発達と共に人類の或る社会は次第に社会に遠ざかつて、終には文明の弊に苦しむやうになる。この文明の弊、換言すれば文明の超過、即ち「超文明」Überkultur が意識せらる丶と同時に、人類は故郷なる自然を慕うて自然に復らむことを思ふので有る。この郷愁の芸術に現はれたのが、即ち郷土芸術で有る。」（同）と述べ、「自然」への回帰は人類の普遍的願望であるとし、「文明人の眼に映じたる自然及び田園生活の詩化せられたるもの」としての「「イデュルレ」Idylle（牧歌）」の系譜を『旧約聖書』、古代ギリシア・ローマ文学から近代へと辿っていく。

孤村によって、明治二十年代に現れた「故郷」は批判性を持つ普遍的概念となり、ノスタルジーは「郷愁」という根源的な「自然」回帰の心性として定義されたと言える。蘇峰の「故郷」が家、故郷、国家の順で短絡的に国家に抱合される危うさを持っていたように、孤村がドイツの詩人、批評家「フリッツ・リエンハルト」を援用しつつ論じる「郷土芸術」も、「詩人の郷土、即ち其民族 Stamm と其他の自然とを取つて、之を詩化せむ」という把握には、「郷土」が無媒介に「民族」に接合されて「国土」に解消される問題を孕んでいる。この文脈で用いられると、「郷愁」も国土に統合される郷土への思慕として一元的な方向付けをされてしまう。

明治四十年代に入って、「ノスタルジヤ」や「郷愁《ノスタルヂヤア》」は詩歌に現れる。石川啄木は、『一握の砂』（東雲堂　明43・12）[*19]の、盛岡中学校時代や故郷渋民村を詠んだ第二章、「煙」で用いている。

病のごと
思郷のこころ湧く日なり
目にあをぞらの煙かなしも
（「煙　一」）

あはれ我がノスタルジヤは

金のごと
心に照れり清くしみらに　　（「煙　二」）

第一首は、前途洋々と感じていた、自由闊達だった盛岡中学校時代を痛切に懐かしんでいる。「病のごと」という言い方は、若者たちに愛読された『即興詩人』の「思郷病」を踏まえているのかも知れない。妻となる堀合節子と出会い、ユニオン会を結成して同人誌『爾伎多麻』を発行し、『明星』に歌が掲載され、文学に没頭していった中学校時代であったが、学業への意欲は低下の一途を辿り、定期試験でのカンニングの嫌疑を受けて、五年生の十月（明治三十五年十月）に退学をしてしまう。[20]「あをぞら」は、希望に燃えていた過去の象徴でもあろう。

「思郷」を詠んだ第一首が、率直に一直線に回想の過去へとノスタルジーを詠んでいるのに対し、第二首の「ノスタルジヤ」は抽象的な情調である。色彩的比喩は白秋張りであり、上代語を用いた「清くしみらに」という結び方は、第一詩集『あこがれ』（小田島書房　明38・5）で模倣の跡が著しかった蒲原有明の「茉莉花」（『有明集』　易風社　明41・1）[21]の最終連、「茉莉花の夜の一室《ひとま》の香のかげに／まじれる君が微笑《ほゝゑみ》はわが身の痍《きず》を／もとめ来て沁みて薫りぬ、貴《あて》にしみらに。」を思わせる。啄木は、この歌の前後は、「ほたる狩／川にゆかむといふ我を／山路にさそふ人にてありき」「馬鈴薯のうす紫の花に降る／雨を思へり／都の雨に」「友として遊ぶものなき／性悪の巡査の子等も／あはれなりけり」という写実的な歌を入れており、「ノスタルジヤ」の耽美的な情調は異色である。「思郷」ではない「ノスタルジヤ」という語が、実体的ではない遥かな感覚を呼び出したのではないだろうか。

これは、明治四十年代に「白露の時代」と併称された、北原白秋、三木露風においても同様である。白秋の「心とその周囲／Ⅰ　窓のそと」（『東京景物詩』　東雲堂　大2・7）[22]は、窓外を眺めつつ、「白くして悩める眼鏡橋のうへを／鉄輪《かなわ》を走らしつつ外科医院の児は過ぎゆき、／気の狂ひたる助祭は言葉なく歩み来る。」と禍々しい幻想が展開していく。「近郊を殺戮したる白人の一揆」が「この静かにして小さなる心の領内を犯さん」とし、またある日は窓下に「覆されたる蜜蜂の大きなる巣激しく臭《には》」って「太くしてむくつけき黒人の手」が巣箱を掻き回す。

その前に負傷したる敵兵三人《みたり》、——
あるものは白き布にて右の腕《かひな》を吊したり——
日に焼けたる絶望の顔をよせて
そこはかとなきかかる日の郷愁《ノスタルヂヤア》に悩むがごとく
珍かにうち眺めたる……足もとの黄色なる花
湿りたる土の香のさみしさに翳《かげ》りつつうち凋る。

鐘は鳴る……銀色の教会の鐘……
（略）
ああ午後三時の郷愁《ノスタルヂヤア》

「心とその周囲」の制作は、明治四十三年二月である。この暴力的な幻想は、上田敏がメーテルリンクの『温室』（一八八九）から訳出した「温室」（『哲学雑誌』249号 明40・11）[*23]や「病院」（『スバル』2号 明42・2）に影響を受けたとも考えられる。「温室」では「病窓に軍楽の音」が響き、「法廷の前に狂人」「白百合に夜の鳥なき」「平原に患者の宿泊《やどり》」と世界が解けていく。「病院」では「炭鉱の底深く熱帯の植物茂り、／牝羊の一群は鉄橋を過ぎ／牧の羊《お》は悲しげに広間をさして入り来りぬ。」と悪夢のような光景が展開していく。『温室』について、敏は、「要するに近代人胸奥の有耶無耶を洩らした心情《ムウド》の詩である。名状し難くも実在なる心持を歌つてゐる。」「再読三読の後も終に判然たる論理上の関係を見出せない。唯愁然たる一の心情だけは確に浮んで来る。つまりマアテルリンクの抒情詩は皆ひどく懸離れた不釣合の詩材を列記し、一見何の関係も目的も無しに目録の如く数へ挙げたのである。」（「マアテルリンク」『哲学雑誌』249号）と説明している。

白秋の「窓のそと」もイメージの飛躍によって「近代人胸奥の有耶無耶を洩らした心情《ムウド》」、即ち分節化と類型化を拒む総体的な心象を表現している。ここでの「郷愁《ノスタルヂヤア》」は、そのような心象の存在を示す方向性であり、心の始原に向かって注がれる感情である。

ところで、敏が「心情」に「ムウド」というルビを振っていることに注意したい。〝mood〟の訳語として敏は「心情」を当てているが、木下杢太郎によって「情調」と訳され、パンの会の芸術思潮を象徴する言葉となる。これについて、野田宇太郎は、「そのころの杢太郎は上田敏の訳詩や蒲原有明の作品によってようやく確立された日本の象徴詩をどのように新時代の詩に発展させるかについて、ドイツ語のスティムング（Stimmung）の重要性に留意していた。そして英語のムード（mood）に当るこの言葉をどう表わすかを考えた末に、（略）それまでは情緒と混同されて使われていた情調をスティムング（ムード）の訳語として当てることにした。[*24]」と述べている。象徴主義の感覚の交響（万物照応《コレスポンダンス》）という詩法を、具体的なモチーフや説明に還元されない表現として対象化した概念が「情調」ということになろう。〝emotion〟の訳語としての「情緒」とは区別して、情動性とは異なる、その場や空間と共振するより身体的な次元での感受を指す言葉を打ち出したのである。

野田によれば、杢太郎が「情調」という語を用いたのが、『屋上庭園』創刊号（明42・10）の総題「都会情調」、第二号（明43・2）の総題「異国情調」においてである。[*25]

五月の雨に桐の花のうす紫、
そのあまき薫りただよひ、
灰色の病院の窓、
やはらかき白絹のかあてんをそとあげて
いまわかきあえかの女、肺をしもやめる女
なみだぐみ花に見入れる・・・・

（「都会情調／五月の情緒」）

ここに描かれているのは、初夏の物憂い湿りと翳りであり、「肺をしも病める女」は「うす紫」「灰色」「白絹」の低い彩度と響き合う退廃美を構成するモチーフである。最終連は「あはれ、あはれ、五月の午《ひる》の病む情緒《こころ》」とあり、敏の「心情《ムウド》」と同様の、能動的な'emotion'ではない受動的な'mood'として「情緒」を用いている。個々のモチーフが響き合って喚起される総体的気分が「情調」である。

露風の『白き手の猟人』（東雲堂　大2・9）[*26]に収められた「雲の上の郷愁」「苦悩の歌」も、まさに「情調」の詩である。「郷愁」あるいは「のすたるぢあ」が向かう具体的な地点はない。

いつもいつも、一物もなき雪の上
平静にして声を聴かず、
神に肖し獣《けだ》ものと、影のごとき沈黙との
ただ時折に往きかふ国――
彼処をわれはさまよひたり。

わが郷愁は日と夜と、
夢の境の歌をきく。
曙か。夕暮か。「時」は死せり
青白く銀にかゞやく雪の上
たゞ柔かなる重みあり、
透明にして心を圧《お》す。

のすたるぢあよ。満潮《みちしほ》に、
うねりも痛くおそろしく
悪しき願ひのもろつばさ
影の如くにはらみたる。
あたりは金の朧ろめき、
秘密の青のおぼろめき、
悩みの天《そら》にさしゝめす
雲の旗手《はたて》の星じるし。
飢えてかゞやく霊《たましひ》の
黒のなやみの星じるし。
のすたるじあよ。なほつよく

(「雪の上の郷愁」第一、二連)

わが胸の上にこゑあげよ、
悲しみに酔ふそのこゑを。
のすたるじあよ。いと強く
暮れてかゞやく夜の潮に。

（「苦悩の歌」第二、六連）

「雪の上の郷愁」では、「われ」は境界的な地点から時間の彼方に「郷愁」を向けている。「神に消し獣《けだ》ものと、影の如き沈黙」「日と夜」が交錯する地点から望む「雪」は、「われ」を永遠に無垢な世界へと誘うのである。「われ」が夢想する遥かな雪の上の碑銘は、「『雪の上なる独りの愛。／今ぞ求めし、秘密なる我が愛』」（第四連）であり、秘すべき神聖なる結界が「郷愁」の到達点である。「苦悩の歌」では、「夜の潮」に伴われて、苦悩が生起する根源的な彼方へ飛翔しようとするが、その思いが「のすたるじあ」である。「郷愁」も「のすたるじあ」も擬人化されており、主体に属する感情ではなく、心象を構成するモチーフとして扱われている。

孤村によって紹介された「郷土芸術」に付随する「郷愁」（Heimweh）は、象徴主義を受容した詩人たちに「ノスタルヂヤア」「のすたるじあ」として用いられることによって、実体的な「郷土」から離れ、曰く言い難い「情調」を増幅させる言葉、感受の始原的な地点を想起させる言葉へと変容した。

4 侵食し合う関係性

萩原朔太郎は、『純情小曲集』（新潮社 大14・8）[*27]の「自序」で「ともあれこの詩集を世に出すのは、改めてその感傷的評価を問ふためではなく、まつたく私自身への過去を追憶したいためである。あるひとの来歴に対するのすたるぢやとも言へるだらう。」（原文傍線）と詩集出版の意図を述べている。「のすたるぢや」は具体的な場所や地点ではなく、自分の過去という内的時間の堆積に向けられている。一方で、「自序」の最後には、「西暦一九二四年春／利根川に近き田舎の小都市にて／著　者」と今いる場所を添書きしている。「前橋」ではなく、「利根川に近き田舎の小都市」と東京を基点とした位置関係を記していることが注意される。ノスタルジーが向かう抽象的な地点とそれを喚起させる現在の実体的地点の把握は、朔太郎のノスタルジー形成の特徴を示している。

『純情小曲集』の刊行は、「自序」を書いた一年後であり、朔太郎は改めて「出版に際して」という一文を付け加えている。「この一年の間に、私は住み慣れた郷土を去つて、東京に移つてきたのである。そこで偶然にもこの詩集が、私の出郷の記念として、意味深く出版されることになつた。」と郷土に思いを馳せていく。

　郷土！　いま遠く郷土を望景すれば、万感胸に迫つてくる。かなしき郷土よ。人人は私に情《つれ》なくして、いつも白い眼でにらんでゐた。単に私が無職であり、もしくは変人であるといふ理由をもつて、あはれな詩人を嘲辱し、私の背後《うしろ》から唾《つばき》をかけた。「あすこに白痴《ばか》が歩いて行く。」さう言つて人人が舌を出した。

朔太郎は激越な調子で回想し、「世と人と自然を憎み、いつさいに叛いて行かうとする、卓抜なる超俗思想と、叛逆を好む烈しい思惟」が自分の中に根付いたと述べる。

開業医として名望を得ていた密蔵・ケイ夫妻の長男として生れた朔太郎は、ケイに溺愛されて育ち、密蔵の期待に背いて文学の道に進んだ。伊藤信吉は朔太郎の生活について、「生地の四十年を通じて朔太郎には衣食住のための営みがなかった。」と述べ、街の煙草屋でタバコを買うにもツケで済ましていた「いっさいが親がかりの暮し」であると端的に記している。[*28] 朔太郎も、後年の「永遠の退屈」（『文芸汎論』6巻4号　昭11・6）[*29]で、「父は私を真から愛し、生涯私のことを心配して居た。生活的に無能力者である私が、自分の死後にどうなるかと言ふことは、死ぬまで父が心を痛めて居た憂慮であつた。」「相当な年齢をして、職業もなく遊んで居るといふことが、田舎では最も悪い誹謗と軽蔑を受けるのである。」と回想している。伊藤は、市民たちの生活感覚からの隔絶が「朔太郎の側の疎外感や余計者の意識」を作り出し、激越な言辞に到ったと指摘する。「もとよりそれは現実の葛藤ではない」のである。

朔太郎が、大正八年五月に結婚した妻稲子、翌九年に生れた長女の葉子、十一年に生れた次女の明子を伴って上京したのは、大正十四年二月である。[*30] 上京前に書いたエッセイ「田舎居住者から」（『東京朝日新聞』大12・3・24、25、27、29）[*31] には、都会の生活を羨望している朔太郎がいる。「都会の生活と田舎の生活と、その何れが幸福であり、何れが華々しく生甲斐のあるものであるかは問ふまでもなく明かなる次第であらう。何より明白な証拠として、田舎を讃美する人それ自身が、容易に都会を離れ得ないではないか。つまり君等の欲するのは「幻想としての田舎」であつて、実際の煤ぼけた田舎生活の実感ではないのだ。」と「田舎居住者」の眼が捉えた実態を語っていく。それは、「要するに田舎は人生の引退所である。そこには「平和」がある。そして「活動」がない。そこには「慣習」がある。そして「創作」がない。そこには「生活の憂苦」がなくまた「生活の意義」がない。すべてに於て田舎の生活は、一つの惰眠的な「眠たげなもの」である。然り、田舎は人生の休息地である。」というものである。固定した秩序と精神で営まれている田舎の生活に対し、都会には動いて止まぬ創造性がある。

「出版に際して」は、この後、その都会＝東京へ向かう途上の心情が語られていく。

人の怒のさびしさを、今こそ私は知るのである。さうして故郷の家をのがれ、ひとり都会の陸橋を渡つて行くとき、涙がゆゑ知らず流れてきた。えんえんたる鉄路の涯へ、汽車が走つて行くのである。

郷土！　私のなつかしい山河へ、この貧しい望景詩集を贈りたい。
西暦一九二五年夏
東京の郊外にて
著　者

ここには、弾む心はない。行く手は「えんえんたる鉄路の涯」と形容され、「故郷の家」を脱出したものの前途に終着点がない印象を与える。一方で「郷土！　私のなつかしい山河へ、この貧しい望景詩集を贈りたい。」とも述べている。逃れてきた後で、怨嗟の声を投げつけた故郷の風土にノスタルジーを覚える。実際、朔太郎は、二月の上京時点では大井町に仮寓、四月に田端、十一月には神奈川県鎌倉町、翌大正十五年十一月には馬込村と上京後も転々と居を移している。腰を据える居場所がないと言うより、今ここに落着くことが出来ずに、次々と移動する感がある。

集中の「大渡橋」（初出『日本詩人』5巻6号　大14・6）は、朔太郎が同調し得るのは、田舎でも都会でもなく、移動するという行為の中の風景（外界）であったことを窺わせる。

ここに長き橋の架したるは
かのさびしき惣社の村より　直《ちよく》として前橋の町に通ずるならん。
われここを渡りて荒寥たる情緒の過ぐるを知れり
往くものは荷物を積み車に馬を曳きたり
あわただしき自転車かな
われこの長き橋を渡るときに

薄暮の飢えたる感情は苦しくせり。
ああ故郷にありてゆかず
塩のごとくにしみる憂患の痛みをつくせり
すでに孤独の中に老いんとす
いかなれば今日の烈しき痛恨の怒りを語らん
（略）

大渡橋を通る者は、朔太郎以外は皆生活人である。それを背景として「荒寥たる情緒」が生動し、「飢えたる感情」が亢進し、故郷前橋で暮す我が身の状況が痛切に自覚される。「郷土望景詩の後に／Ⅱ　大渡橋」で、「大渡橋は前橋の北部、利根川の上流に架したり。鉄橋にして長さ半哩にもわたるべし。前橋より橋を渡りて、群馬郡のさびしき村落に出づ。目をやればその尽くる果を知らず。冬の日空に輝やきて、無限にかなしき橋なり。」とあるように、橋の向うの現実は惣社村であるが、到達できない彼方への無限の距離感が喚起される。無機的な鉄橋は前橋の域内と域外の境界であり、異郷としての故郷を意識化させ果てのない脱出願望を起動させる装置である。朔太郎は、これ以前にも「陸橋を渡る」（『新しき欲情』『第三放射線／89』アルス　大11・4）[*32]で、「憂鬱に沈みながら、ひとり寂しく陸橋を渡つて行く。かつて何物にさへ妥協せざる、何物にさへ安易せざる、この一つの感情をどこへ行かうか。落日は地平に低く環境は怒りに燃えてる。一切を憎悪し、粉砕し、叛逆し、嘲笑し、斬奸し、敵愾する、この一個の黒い影をマントにつつんで、ひとり寂しく陸橋を渡つて行く。かの高い架空の橋を越えて、はるかの幻燈の市街まで。」と記している。「陸橋」は、外界への異和と疎外感を彼方の幻影の市街まで渡す「架空の橋」、想念の橋なのである。

朔太郎のノスタルジーは、「鉄橋」「陸橋」を介してここではない何処か彼方の地点へと向かう。既に『青猫』（新潮社　大12・1）[*33]の「序」でも、「私の情緒は、激情《パツシヨン》といふ範疇に属しない。むしろそれはしづかな霊魂のすたるぢやであり、かの春の夜に聴く横笛のひびきである。」と述べ、末尾には「利根川に近き田舎の小都市にて」という付記がある。土着の地理感覚から跳躍して内部時間を遡行し、ある根元へと向かう朔太郎のノスタルジーの構造が、ここでも顕在化している。

上京直後の朔太郎は、「田舎から都会へ」（『新潮』42巻5号　大14・5）[*34]で、現在の田舎が都会人の幻想下に置かれて「都会のための田舎」になっていることを指摘し、「かく今日の田舎は、純然たる都会隷属物であり、どこにも独立の変化がなく、自己自身の存在すらも意識し得ない、くだらぬ退屈のものにすぎない。かくの如く、田舎が永遠にさうであるならば、むしろ田舎に住むよりは、都会のゴミタメの中に生きる方が好いのである。田舎をして、真に「田舎のための田舎」とせよ。そこに始めて、田舎生活の独立の意義がある。」と都会人の田舎幻想とそれに従う田舎の実態を痛烈に批判している。ここには、離れた地点から見えてくる、疎外された土着人としての故郷への屈折した愛情が窺える。

朔太郎は、昭和四年七月に稲子と離婚し、葉子と明子の二児を連れて帰郷する。帰郷後のエッセイ「田舎に帰りて」（『時事新報』昭4・10・3、4、7）[*35]で、「僕は都会をはなれ、再度また田舎の生活に帰つて来た。荒寥とした上州の空の上に、毎日赤城山を見て暮して居る。帰りたくもない田舎であるが、事情が止むを得なくしたのである。」と意思に反しての帰郷であることを顕示している。しかし、この帰郷によって朔太郎は、「僕は気質の上から言へば、本来都会的の人間である。あらゆる気質上の趣味に於て、僕は田舎を好まない。僕は田舎の礼讃者であ（編注＝以下、十五字分判読不能。）意地の悪い皮肉を好む。僕のすべての気質に反して、運命は僕を田舎に育て幼少から中年に至る迄、生涯のすべてを田舎に住むべく、惨酷に強いられて居た。そしてこの逆遇から、僕の中にある二つの矛盾が対立された。一方に於て環境が、僕を田舎風の鉄人に育てあげ、性格の抜きがたい本質にまで観念的な瞑想主義を植ゑつけた。しかもその性格に反しつつ、気質の一貫した本性からは、絶えず刺激と変化を求める、都会的の感覚主義者が根を張つてる。」と正確な自画像を描いている。即ち、田舎での生育が性格と骨絡みになり、観念的志向性と感覚的享楽性が並存する人格の矛盾が形成されたという自己認識である。大正三年一月に完成した前橋の自宅書斎では「室内を洋風に装飾し、紅茶を喫し、マンドリンを弾く」という日々を送り[*36]、翌四年の秋には地元の音楽愛好家を集めて「ゴンドラ洋楽会」（後に「上毛マンドリン倶楽部」と改称）を編成し、大正十四年に上京するまで主宰者、指揮者であり続けるも、それで自己充足はしない。一方で「霊魂ののすたるぢや」を求め続けるのである。

『氷島』（第一書房　昭9・6）[*37]所収の「帰郷」（初出『詩・現実』4冊　昭6・3）は、この帰郷がモチーフである。

昭和四年の冬、妻と離別し二児を抱へ
て故郷に帰る

わが故郷に帰れる日
汽車は烈風の中を突き行けり。
ひとり車窓に目醒むれば
汽車は闇に吠え叫び
火焔《ほのほ》は平野を明るくせり。
まだ上州の山は見えずや。

（略）

嗚呼また都を逃れ来て
何所《いづこ》の家郷に行かむとするぞ。
過去は寂寥の谷に連なり
未来は絶望の岸に向へり。
砂礫《されき》のごとき人生かな！

（略）

いかんぞ故郷に一人帰り
さびしくまた利根川の岸に立たんや。
汽車は曠野を走り行き
自然の荒寥たる意志の彼岸に
人の憤怒《いきどほり》を烈しくせり。

朔太郎の身体は、風に抗して突進する汽車と共振する。朔太郎の帰郷は、実際には昭和四年七月であったが、序言では「昭和四年の冬」に改変して「荒寥」感を強めている。曠野を走る汽車の行先は、「自然の荒寥たる意志の彼岸」である。「大渡橋」や「陸橋」同様、超越的な地点であり、「未来は絶望の岸に向へり。」と現実の時間で到達することはできない。「まだ上州の山は見えずや。」「また利根川の岸に立たんや。」と故郷の風土的着地点は明瞭であるが、それは到達点ではない。ここでも、汽車に共振しつつ移動する身体が、唯一生のリアリティを喚起させている。

朔太郎は、「自序」で「著者は「永遠の漂泊者」であり、何所に宿るべき家郷も持たない。」と述べ、詩集巻頭の「漂泊者の歌」（初出『改造』13巻6号　昭6・6）でも「ああ汝　漂泊者！／過去より来りて未来を過ぎ／久遠の郷愁を追ひ行くもの。」（第二連）と自己規定している。第一連は、「日は断崖の上に登り／憂ひは陸橋の下を低く歩めり。／無限に遠き空の彼方／続ける鉄路の柵の背後《うしろ》に／一つの寂しき影は漂ふ。」とやはり「鉄路」は「無限に遠き空の彼方」に続いている。しかし、ここではもはや伸長する「鉄路」に共振する身体はなく、心は「陸橋の下」に蟠っている。「意志なき断崖を漂泊《さまよ》ひ」（第四連）つつ、「いづこに家郷はあらざるべし。／汝の家郷は有らざるべし！」と断言し、「久遠の郷愁」を持ち続ける宿命を認識する。藤原定は、朔太郎のノスタルジーの特徴について、「このペーソス（引用者注：「虚無感・宿命観から「故しらぬ実在の思慕」にふけり、「霊魂ののすたるぢや」を情緒あふれるばかりに音楽的にかなでる」ことを指す）そのものが、あまやかな音楽である「のすたるぢや」から『氷島』の硬い漢語「家郷」に移らざるをえなかった時、朔太郎はその虚無と宿命を純化し、完成したといえよう。というのも「のすたるぢや」が思慕する形而上的なもの、つまりはイデアの客体的な実在性を彼はもともと信じることができなかったからである。[*38]」と彼方への憧憬とイデアの曖昧さを指摘している。朔太郎のノスタルジーは、現実的にも観念的にも着地点を持たず、彷徨を続けるのである。

朔太郎が、郵便局をノスタルジーの対象とするのも、漂泊し、彷徨する行為にこそリアリティを感じるからであろう。「郵便局」（『若草』5巻3号　昭4・3）[*39]は、『郵便局といふものは、港や停車場やと同じく、人生の遠い旅情を思はすところの、悲しいのすたるじやの存在である。（略）郵便局！　私はその郷愁を見るのが好きだ。生活のさまざまな悲哀を抱きながら、そこの薄暗い壁の隅で、故郷への手紙を書いてる若い女よ！　鉛筆の心も折れ、文字も涙によごれて乱れてゐる。何をこの人生から、若い娘たちが苦しむだらう。我我もまた君等と同じく、絶望のすり切れた靴をはいて、生活《ライフ》の港港を漂泊してゐる。永遠に、永遠に、我我の家郷なき魂は凍えてゐるのだ。」と永遠の中継地点の象徴を郵便局に見出している。「橋」もまた、象徴的な存在である。朔太郎は、「橋」（『作品』2巻9号　昭6・9）[40]で「すべての橋は、一つの建築意匠しか持つてゐない。時間を空間の上に架け、或る夢幻的な一つの観念《イデア》を、現実的に弁証することの熱意である。／橋とは――夢を架空した数学である。」と述べている。朔太郎にとって、イデアは「或る夢幻的な一つの観念《イデア》」であり、理念的に定義できるものではない。「橋」は、到達地点がない生の時間の形象である。それは、「過去より来りて未来を過ぎ」（「漂泊者の歌」）と、「未来」も通過し、彼岸への夢想を抱かせる。

　未来を否定した彼岸への憧憬は、根源への遡行と一体化する。朔太郎は、『郷愁の詩人　与謝蕪村』（第一書房　昭11・3）[41]で、「換言すれば、詩人蕪村の魂が詠嘆し、憧憬し、永久に思慕したイデアの内容、即ち彼のポエジイの実体は何だらうか。一言にして言へば、それは時間の遠い彼岸に実在してゐる、彼の魂の故郷に対する「郷愁」であり、昔々しきりに思ふ、子守唄の哀切な思慕であつた。実にこの一つのポエジイこそ、彼の俳句のあらゆる表現を一貫して、読者の心に響いてくる音楽であり、詩的情熱の本質を成す実体なのだ。」（「蕪村の俳句について」）と述べる。「時間の遠い彼岸」とは現実的な時間を超えた根源的な地点であり、「時間を空間の上に架け」た果てである。藤原は、朔太郎のノスタルジーについて、「情緒というにとどまっていて、何の客観性も確たる方向ももたないものであった[42]。」と指摘しているが、「客観性」や「確たる方向」の欠如が性質の脆弱さとイコールという訳ではない。朔太郎は、「魂の故郷」が「時間の遠い彼岸に実在してゐる」と言い切っている。ノスタルジーは、生の根源に向かうことを止めず、そこから不断のポエジーも生れる。「実在」「実体」という言い方からは、客観的な事実の証明では届かない、本質の確かさを感受していることが窺える。

　漂泊者のノスタルジーは、移動する身体を通して彼岸的な故郷を設定し、そこにポエジーの源泉を見出す。朔太郎は、現実的な着地点と観念的な到達点の不在を生の根源への遡及に転回させ、ノスタルジーと詩の本質的関係性に踏み込んだ。

5　非在という拠点

立原道造は、二十歳の時に「郷愁」という詩を書いている（草稿、昭9・12〜10・3、4までの期間に制作か）[*43]。

明るい谷に僕は生れた
豹としぶきと樺の若葉が
十歳の僕の遊び場だつた

帰つて来てはいけなかつた
丸木橋で泡立つ流れに見とれたが
ああ何とボロなことだらう

僕は十歳でこはれてしまつた
生れた朝に死んでゐた
それ故僕はあはれな人間なのだ

岩よ　しづかにしてゐてくれ

僕は今では遊ばないのだ
僕は水に彫らねばならぬ
谷が年とり老ひぼれたのか
千年の雲は流れて帰らずと
これが僕の墓碑銘だ

事実関係で言えば、立原が生れ育ったのは、東京市日本橋区橘町[*44]という都会の真中であり、「明るい谷」どころではない。このアルカディア的山野は、立原が東京帝国大学工学部建築科に入学した昭和九年から夏を過ごすようになった、信州追分の風景に触発されたのかも知れない。しかし、ここに歌われているのは、具体的な地名との連結を拒む、どことも特定できない風景である。特定の地名に還元されない「故郷」を設定していること、現実よりも死者の視点にリアリティを感じていることは、二十四歳で夭逝した詩人の面影を髣髴とさせると共に、立原の「故郷」が早い時期から喪失と虚構に立脚していることを窺わせる。立原の郷愁は、初めから、どこにもない「故郷」に向かって注がれていることが注意される。

それは、視線を彼方へ誘導する風景があれば、郷愁が喚起されるということでもある。「八月旅情の歌」(『ゆめみこ』8号　昭11・4)[*45]では、「旅にあれば　その日のうつつ　心に映り／しづかに消える、落葉松の林の／ああ　その色も　山の頂に澄みわたり／その果てにとほく山なみは透き／また故知らない　郷愁。」と落葉松林の向う遥かに続く山並が、「故知らない郷愁」を惹き起こす。「わかれる昼に」(『四季』22号　昭11・11)[*46]では、「ゆさぶれ　青い梢を／もぎとれ　青い木の実を／ひとよ　昼はとほく澄みわたるので／私のかへつて行く故里が　どこかにとほくあるやうだ」と透明な距離感が「どこかにとほくある」故郷を想起させる。「故郷」は回帰する場所ではあるが、実在しないことが前提になっている。それは、立原にとって自明であるかのように語られている。郷愁とは実在しない故郷に回帰する感情なのである。

失われているのは、「故郷」のみならず、過去の時間も同様である。

逝いた私の時たちが
私の心を金にした　傷つかぬやう傷は早く愎るやうにと
昨日と明日の間には
ふかい紺青の溝がひかれて過ぎてゐる

（略）

おぼえてゐたら！　私はもう一度かへりたい
どこか？　あの場所へ（あの記憶がある
私が待ち　それを　しづかに諦めた――）

「夏の弔ひ」第一、四連（『四季』23号　昭12・1）[*47]

時は逝き、二度と戻って来ないから、心は強く輝かしい「金」になる。「昨日」と「明日」を繋ぐ「今日」はなく、即ち時間を統合する主体としての自分はなく、死んだ時と未来の時の間には「ふかい紺青の溝」が口を開けている。「私」は、「あの記憶」がある「あの場所」への回帰を渇望しつつ断念する。「あの記憶」「あの場所」とは、特定する言い方ではあるが、極めて抽象的である。立原は、具体的な記憶によって生きられた過去を作るのではなく、内容を消し去った不可侵の記憶によって過去を永遠のものにしたのである。

この背景には、複数の女性たちとの出会いと別れがある。立原は、昭和九年の夏に追分本陣永楽屋の孫娘、関鮎子と出会う。鮎子は、後述するように、作中では「アンリエット」と称されたが、昭和十一年の春に婚約者の内田源太郎と結婚する。翌十年の八月には、追分の知人の別荘で横田ミサオ、ケイ子姉妹と知り合う。立原は妹のケイ子に好意を持ち、「エリーザベト」と呼ぶようになる。続いて九月には、山田流箏曲家今井慶松の次女、春枝に出会う。春枝は、当時、北麗子の芸名で松竹少女歌劇団の一員であった。立原は、春枝をも「エリーザベト」と称したらしく、鈴木亨は、ケイ子、春枝をモデルに「二人の女性を記念するソネット「はじめてのものに」「またある夜に」などを作った。」[*48]と述べている。鈴木によれば、春枝も昭和十一年八月に結婚している。事実関係も錯綜しており、立原の傷心の背景を特定することはできない。女性たちへの思慕は、立原の中で自己完結していた趣がある。

このような体験以前に、立原には、失われていることが所有することだという逆説が成立していたと考えられる。

消えた言葉は追ふのはよさう
消えた言葉は私のものだ
どこに　どこに　やさしい言葉

消えた言葉は空にゐる
一日　雲とうたつてゐるのは
どこに　どこに　私の言葉

さがしに行つた人たちと

耳をすますなら　私は行かう

消えた言葉は私のものだ

また　朝から日暮まで

「昨日」（草稿、昭和9秋頃か）[*49]

「私」は「消えた言葉」を追いかけることはしない。空の彼方にあるからこそ、自分の言葉だと憚ることなく言える。「さがしに行つた人たちと／耳をすますなら　私は行かう」という言い方も、先に引用した「夏の弔い」同様、統辞法を乱した倒置的な措辞である。「さがしに行つた人たち」と「私は行かう」に「耳をすますなら」が割り込んでいて、「耳をすます」のが、人々なのか「私」なのか判然としない。それは、「私」が行方探しのみならず、言葉の主体ではないという印象を与える。「どこに　どこに」という繰返しは、「私」から離れて遍在する言葉に共振するリズムである。「私」の手が届かない地点に達したからこそ、言葉は「私」の相対性から自立し、「私」はその言葉を失わずに済む。立原の「郷愁」は、言葉との関係性に根差していることが窺える。立原のノスタルジーは、トポスに向かう郷愁も包含しつつ、言葉と世界をめぐる根源的な地点に立脚しているのだ。

先に、立原と女性たちの不透明な関係性に触れたが、関鮎子については、連作「鮎の歌」（昭和九年十一月から十三年八月までに発表されたものから採録、編集）の原動力になっており、特別な存在だったと言えるだろう。立原は、鮎子との交わりを通して、言葉と存在との逆説的関係性を深めていったようだ。「ちひさき花の歌」（『未成年』6号　昭11・5）[*50]では、次のように語る。

僕はおまへにアンリエツトといふ西洋の名をつけた。

するとたちに「アンリエットとその村」といふルネサンス風な歌物語の扉がひらいた。そこで僕たちはそのなかにはいつた。（「Ⅰ」）
そこは日本の村であつた。
さうしてアンリエットは日本の娘であつた。花の絵のついた着物を着て黄い帯をしめ、長い髪を編んで、垂らしてゐた。（「Ⅱ」）

「アンリエット」は、「鮎の歌」（『文芸』5巻7号　昭12・7）[*51]では虚構をめぐる自己言及的なモチーフとなる。

僕の外にアンリエットはゐない。僕みづからが「アンリエットとその村」の場所でありアンリエットは僕のなかにはいつてのみアンリエットであるゆゑに。それならば私のアンリエットとはだれであつたか？　いひかへれば僕のなかの空虚な部分にそれは名づけられたのではなかつたか？……たはむれと真実とはここでは分けられない。（「Ⅲ」）

立原は、鮎子を「アンリエット」と命名することで「ルネサンス風な歌物語」を二人の世界として作り上げる。「僕の外にアンリエットはいない」と実在の鮎子とは自立して「アンリエット」が成立する。それは、「僕のなかの空虚な部分」であり、虚の入れ物であるからこそ、実在に左右されない「真実」の保有が可能になる。実体がないことによって、虚構は真実に転化しそこから反転もする。
この認識を、言葉にすることの意味に即して述べているのが、「かろやかな翼ある風の歌」（『コギト』52、54号、昭11・9、11）[*52]である。「私は、いつの間にか自分がその作者となつてゐた物語を、その少女の耳にささやいた。私の声は杳かな木霊のやうになり、声は私の身体とかかはりのないやうに静かにかろやかに響いた。永久にこの時がつづけばと、ふたりはその物語に触れてゐた、おづおづと、それに触れたために私たちの胸に刻まれる傷のまへにたゆたひながら、この時が永久につづけばと。しかしすべては一瞬にかはつた。（略）私は語ることによつて失つた物語をふたたび組み立てようとした——それは醜く汚れてしまつた糸で織られた布のやうに、私の心情のなかにみじめにみすぼらしく出来上つた。私は今や嘗て夢みてなぞらへた作者である、私はさうして永久のあちらに失はれた物語自らと誰ともおなじ足音を私の耳にのこして行つた少女のために、この物語と歌とを書き取つた。しかしみな失はれてゐる、残つたものは私の心にいらないものばかりだ。」（「地上の序詞」）と語られたものは「永久のあちらに失はれた物語」と化す。真実は「みな失はれてゐる」。言葉が跡付けるのは残滓でしかなく、言葉は永遠の存在を示すためにこちら側にとり残されたものなのである。

「すべては一瞬でかはつた」と「この時」は常に失われていると述べているように、立原の言語観は、時間論とも相関する。立原は、昭和十二年十一月十九日に「油屋」の火災に合い、辛うじて救出された。「油屋」はまったくの灰燼に帰し、立原も置いてあった愛読書や愛用の服をすべて失ったという。「この追分で九死に一生を得た経験は、彼の神経にひどい衝撃を与えたらしく、そののちは火事に対して極度の恐怖を示すようになったという」（鈴木[53]）ことであるが、この罹災体験は、喪失という起点を立原に確認させたと考えられる。「風信子㈡」（『四季』33号　昭13・1[54]）では次のように述べる。

> 時は、しづかに流れて過ぎた！　そして僕の年もまた。嘗て、「失はれた」とうたつた嘆きは、それすらもうかへつて来ない。ここから僕は出発する。無限に、永遠に！
>
> 失はれたものへの哀傷といひ、何かしら疲れた悲哀といひ、僕の住んでゐたのは、光と闇との中間であり、

暁と夕との中間であつた。形ないものの、淡々しい、否定も肯定も中止された、ただ一面に影も光もない場所だつたのである。人間がそこでは金属となり結晶質となり、天使となり、生きたるものと死したる者の中間として漂ふ。死が生をひたし、僕の生の各瞬間は死に絶えながら永遠に生きる。

喪失の嘆きさえも失われた地点は、「永遠」で「無限」の出発点である。そこでは「生の各瞬間は死に絶えながら永遠に生きる」。過ぎて戻らぬから「永遠」と「無限」が成立するというのは、立原の逆説的存在論の端的な表現である。言葉と生（時間）を与えられた人間は、常に失われている時間と残滓としての言葉によって向こう側にある「永遠」を示し続ける中間的存在である。立原は非在である「永遠」に向かって出発し続けることを宣言する。「故知らない郷愁」（「八月旅情の歌」）「どこかにとほくある」故郷（「わかれる昼に」）という彼方からの誘いは、非在の「永遠」に結晶し、存在の起点に回帰しようとするノスタルジーは、非在の拠点に向かう意志として、実在的トポスから自立する。

この後の立原は、「生きたるものと死したる者の中間」からの出発を肉体的に実践しようとしたのだろうか、同年の九月十五日に上野を発って、楯岡、上ノ山、山形、仙台、石巻、盛岡を巡り十月二十日に帰郷する、一か月に渡る東北旅行を敢行。その後、病身を押して十一月二十四日に東京を発ち、奈良、京都、松江、下関、柳川を経由する長崎旅行に赴いている。長崎では激しく喀血し、十二月十四日に帰郷。翌昭和十四年三月二十九日にその短い生涯を閉じた。

終りに

明治二十三年六月に刊行された宮崎湖処子の『帰省』は、現実の三奈木村を人間と自然に根差したトポスとして筑前咸宜《みなぎ》村に昇華した。「故郷」はその根源性において都会の批判的存在となり、故郷に向かうノスタルジーは都会の現在を生きる力へと還流していく。湖処子の「故郷」は上京青年たちの共感を得、代弁者的作品になったが、健全なる田舎対腐敗した都会、あるいは国家愛に到る単位として実体化されてしまう面もあった。湖処子の同窓生でもあった北村透谷の「希望《ホープ》」としての故郷は、生れ故郷の小田原ではなく、自由民権運動の記憶の土地、多摩地方の川口村である。しかし、これは民権運動離脱後の精神的「苦獄」を知る以前の日々と共にある川口村であり、七年後再訪した透谷にとっては「幻境」である。現実と「幻境」は明瞭に区別されている。「故郷」を現実的図式へと短絡化されることはないが、「希望《ホープ》」としての故郷は想念の次元でしか成立せず、実在と実存を繋ぐ経路はない。「幻境」としての故郷に注がれるノスタルジーは、実在の外へ外へと透谷を連れ出していく。想念としてのトポスは、現実的拠点の断念と引き換えに、透谷において大きな文脈に回収されない自立性を持つことになる。

明治三十年代末に、片山孤村によって、ドイツ近年の文芸思潮として「郷土芸術」と「郷愁」が紹介されると、石川啄木、北原白秋、三木露風によって、「ノスタルジヤ」や「郷愁《ノスタルヂヤア》」が耽美的な情調、曰く言い難い感受の始原や根幹に触れる言葉として用いられるようになる。実体的な故郷とは切れた表現が成立する。

大正から昭和初年にかけて活躍した萩原朔太郎は、故郷前橋で疎外感を激化させつつ、結婚後の数年は東京生活を体験するものの、稲子夫人との離婚によって前橋に戻る。前橋にも憧憬していた東京にも安住できなかったのは、現実的には生活能力の欠落と親がかりの生活に因るが、朔太郎はそこから詩人にとっての故郷を見出していく。観念的にも着地点がなく、ここではない地点へと移動する時間のみ世界と共鳴し得るということは、宿命的漂泊者なのである。現実的には到達できない彼岸の故郷へと溯るのが根源的なノスタルジーであり、詩もそこに胚胎する。朔太郎は、彼岸を渇望し遡及する詩とノスタルジーの類縁性を明らかにした。

どこまでも辿り着けない故郷を前提として、宿命への詠嘆ではなく、逆説的論理を成立させたのが、夭逝した立原道造である。立原は、実際の故郷の東京日本橋ではなく、避暑地として滞在した信州追分をうたったが、作品から具体的な地名や人物の相貌は消されている。故郷は仮構された次元にしかない。それは、立原の時間や言語観にも及んでいる。我々にとって時間は常に失われており、言葉も残滓であることによって、彼方の永遠や無限を示す。非在の真実が人間の故郷であり、そこに向かうことを止めない心性がノスタルジーである。

近代詩におけるノスタルジーは、実在の地名や人物を、時間と言葉の根源に向かうモチーフあるいは媒体として意味づけた立原において、実体的故郷からの距離が極まったのである。

注

1 境忠一『詩と故郷』（桜楓社　昭46・3）の「序章　故郷の喪失」。

2 北野昭彦『宮崎湖処子・国木田独歩の詩と小説』（和泉書院　平5・6）の「第一章　宮崎湖処子『帰省』と〈故郷〉に取材した諸作――その先駆的意義と文学史的位置づけの再検討――／書生小説と帰省小説」。

3 注2に同じ。

4 注2と同書の「第一章／その先駆性・文学的達成と限界」。

5 注2と同書の「第一章／立身出世主義の挫折と一個自由の民」。

6 以下『帰省』の引用は『明治文学全集36　民友社文学集』（筑摩書房　昭45・4）による。

7 笹渕友一『浪漫主義文学の誕生』（明治書院　昭33・1）の「第八章　宮崎湖処子――アルカディアへの憧憬」

第五節。

8　太田三郎「「蓬莱曲」と「マンフレッド」の比較研究」（『国語と国文学』昭25・5）「スキントンの「英文学研究」（一八八〇年）は当時恰好な英米文学紹介として広く読まれていたが、国民英学舎では同書を二十三年にテキストとして使っていた。」とある。

9　注7と同書の第八章第一節。

10　引用は『スキントン氏英文学詳解』（岡村愛蔵編　興文社　大13・8）の「第十三章　OLIVER GOLDSMITH」による。

11　注7に同じ。

12　注2と同書の「第一章／書生小説と帰省小説」。

13　以下、蘇峰の文章の引用は『民友社思想文学叢書』第6巻（三一書房　昭59・10）による。

14　透谷の経歴は『明治文学全集29　北村透谷集』（筑摩書房　昭51・10）の「年譜」（小田切秀雄編）による。

15　以下、透谷の文章の引用は注14と同書による。

16　平岡敏夫『北村透谷研究　評伝』（有精堂　平7・1）の「第一章　生いたち／2　小田原唐人町」。

17　引用は『明治文学全集27　森鷗外集』（筑摩書房　昭40・2）による。

18　引用は『明治文学全集50　金子筑水・田中王堂・片山孤村・中澤臨川・魚住折蘆集』（筑摩書房　昭49・10）による。

19　引用は『明治文学全集52　石川啄木集』（筑摩書房　昭45・3）による。

20　啄木の経歴は注19と同書の「年譜」（岩城之徳編）による。

21　引用は『明治文学全集58　土井晩翠・薄田泣菫・蒲原有明集』（筑摩書房　昭42・4）による。

22　引用は『明治文学全集74　明治反自然派文学集』（筑摩書房　明41・12）による。

23　「温室」は評論「マアテルリンク」の中で訳出、紹介された。引用は『定本　上田敏全集』第7巻（教育出版センター　昭60・3）による。

24 野田宇太郎『木下杢太郎の生涯と芸術』（平凡社　昭55・3）の「木下杢太郎断想／パンの会」。
25 注24に同じ。
26 引用は『明治文学全集59　河合酔茗・横瀬夜雨・伊良子清白・三木露風集』（筑摩書房　昭44・9）による。
27 引用は『萩原朔太郎全集』第2巻（筑摩書房　昭51・3）による。
28 伊藤信吉『萩原朔太郎　Ⅱ虚無的に』（北洋社　昭51・8）の「「郷土望景詩」の地誌」。
29 『廊下と室房』（第一書房　昭11・5）所収。引用は『萩原朔太郎全集』第9巻（筑摩書房　昭51・5）による。
30 朔太郎の年譜は『日本の詩歌14　萩原朔太郎』（中公文庫　昭50・1）の「年譜」（伊藤信吉）による。
31 引用は『萩原朔太郎全集』第8巻（筑摩書房　昭51・8）による。
32 引用は『萩原朔太郎全集』第4巻（筑摩書房　昭50・7）による。
33 引用は『萩原朔太郎全集』第1巻（筑摩書房　昭50・5）による。
34 引用は注31に同じ。
35 引用は注31に同じ。
36 注30と同書による。
37 引用は注27に同じ。
38 『現代詩鑑賞講座5　新しき抒情』（角川書店　昭43・12）の「萩原朔太郎」。「鑑賞」は藤原定。
39 『宿命』（創元社　昭14・9）所収。引用は注27に同じ。
40 注39に同じ。
41 引用は『萩原朔太郎全集』第7巻（筑摩書房　昭51・10）による。
42 注38と同書の『氷島』（「漂泊者の歌」鑑賞）。
43 『立原道造全集』第2巻（角川書店　昭47・8）の「解題」（堀内達夫）による。引用も同書による。
44 立原の年譜は『立原道造全集』第6巻（角川書店　昭48・7）の「年譜」（鈴木亨作成）による。
45 引用は『立原道造全集』第1巻（角川書店　昭46・6）による。

46 『萱草《わすれぐさ》に寄す』（『風信子《ヒヤシンス》叢書第一篇』昭12・5）所収。引用は注45に同じ。
47 『萱草に寄す』所収。引用は注45に同じ。
48 注44に同じ。
49 注43に同じ。
50 引用は『立原道造全集』第3巻（角川書店　昭46・8）による。
51 引用は注50に同じ。
52 引用は注50に同じ。
53 注44に同じ。
54 引用は注50に同じ。

＊引用に際し、原則として旧字体は新字体に改め、振り仮名、圏点は適宜省略した。

II 『故郷』に表現されるノスタルジーの魯迅における特異性について

小羽田誠治

はじめに

本章では、中国でも近代においては最も名高い作家・魯迅（一八八一－一九三六）をとりあげ、彼が本書のテーマである「ノスタルジー」をどう表現しているかを見る。魯迅が当時の知識人を代表しているかと言えば、もちろん難しい問題であるし、ましてや彼が全ての中国人を代表しているわけでもないのだが、それでも彼の作品について考えることには、一定の意味があると思われる。一つには、魯迅自身のみならず『故郷』は日本においてもなじみの深い作品であるし、その「故郷」がまさに我々のテーマであるノスタルジーと親和性の高い題材であること。もう一つには、結論を先取りすることになるが、彼自身の内面の複雑さとも相まってか、『故郷』と他の作品との間には、その表現の仕方に大きな違いがあること、である。後者の点は、『故郷』だけを読んでは魯迅のノスタルジーは理解できない、と言うこともできるし、だからこそ逆に『故郷』を解釈する新たな視点が得られた、と言えるかもしれない。

ところで、序章で今林がノスタルジーの諸相について述べたが、本章はそのどこに位置づけられるだろうか。まず、ノスタルジーを抱く主体は、ここでは魯迅という個人に限定することになる。もちろん、魯迅が超歴史的な存在ではない以上、当時の中国などにある集団的心性と無縁であるはずはない。だが、本章の目的に関する限りでは——私個人の力量のせいかもしれないが——、集団からの影響は捨象して問題ないだろうと判断した。

次に、魯迅が執筆活動を始め、本章でとりあげる作品群を残したのは、すべて故郷である紹興を離れてからであった。よって時間についても空間についても「遠く離れた場所（不在）」から発せられるノスタルジーである。魯迅自身は、一八九八年に紹興を離れた後も、一九一〇年に紹興府中学堂に赴任するなど、三〇歳頃までは紹興で過ごす時間もあったのだが、本章で扱うようなノスタルジックな叙述は、そのほとんどが幼少期を回想したものである。それが消極的だったか積極的だったかは、本論で触れるだろう。また、空間については、魯迅の「個人的な」ノスタルジーであるためか、ほぼ「地理的空間」に限定される。北京や広州といった場所で「同じもの」を見ても、魯迅は往々にしてそこに故郷との「違い」を見出すのである。「何かしら集団的な共有」を目指すようなノスタルジーは、ここでは扱われなかった。

以上のように限定したうえで、本章なりの分析手法について触れておく。本章では、個人（魯迅）がノスタルジーを感じる対象を「風景」「人物」「出来事」の三つに分けた。即ち、何かしらの契機によって、あるときは「風景」を回顧し、あるときは「人物」を回顧し、あるときは「出来事」を回顧する、ということである。これらは当然ながら常に混在しつつも、それでもこのように分けたとき、それぞれに表れ方が違っていることに気づく。魯迅の場合、そして『故郷』とそれ以外の作品を比較した場合、どのような特徴が見出せるか、これを明らかにするのが、本章の目的である。

なお、本章で引用した魯迅の作品は、原文は魯迅『魯迅全集』（人民文学出版社、一九八一年）により、翻訳は丸山昇（訳者代表）『魯迅全集』（学習研究社、一九八四〜一九八六年）によっていることを予め断っておく。

1　『故郷』に見るノスタルジー

本節では、まず『故郷』に焦点をしぼり、そこに見られる様々なノスタルジックな表現を拾い、その性質について考察する。言うまでもなく、『故郷』は広く知られた魯迅の代表作であるし、そのタイトルからも「ノスタルジー」概念を連想するのは容易なのだが、意外にも、この問題は正面から扱われてこなかったようである。[*1]その理由はおそらく、魯迅自身の政治性に加えて、魯迅研究が彼の作品の政治的・社会的意義を考えることを主目的としており、どちらかと言えば「未来志向」の視点になっていくからだと思われる。それゆえ、ここでは視点を改める意味も込めて、すでに読み尽くされている『故郷』本文を丹念に掘り起こし、逐一検討を加えていきたい。

(a) 『故郷』で語られた風景

『故郷』は、まず主人公が帰郷したときの風景描写から始まっており、そこでは故郷とそれを久しぶりに目にしたときの想いを以下のように描写している。[*2]

私は厳冬のなかを、二十余里離れた、二十余年ぶりの故郷へ帰って行った。

季節は真冬だった。それに、故郷に近づいたころには空も薄暗くなってきて、冷たい風が船の中に吹きこみ、ヒューヒューと鳴った。苫のすき間から外を眺めると、鈍い色の空の下に、人気のない、さびれた村々が遠く近く横たわっていて、いささかの活気も感じられない。私は寂しさがこみあげてくるのをどうしようもなかった。

ああ、これが二十年来、絶えず思い起こして来た故郷なのだろうか。

私がおぼえている故郷は、こんなものではない。私の故郷はもっとずっとよかった。しかし私がその美しさを思い浮かべ、そのよさを語ろうとすると、その影は消え、言葉はなくなる。こんなものだったような気もする。そこで私は自分に言い聞かせた。故郷はもともとこんなものだったのだ——進歩もないが、といって私が感じたように寂しいものでもない、私自身の心境が変わっただけなのだ。私のこんどの帰郷は、もともと楽しいものではないのだから。

このように、冒頭から強烈なノスタルジーを感じさせる描写で始まるこの小説であるが、この場面がそれほどまでノスタルジックに感じられるのはなぜだろうか。

大きくわけて、ここには以下の三つの要素があるように思われる。即ち、（一）「二十年」という時間、（二）現在の「さびれた」状態、（三）こみ上げる「寂しさ」を紛らわせようとする主人公の心理、である。

「二十年」という時間は小説としての虚構であり、[*3] 魯迅が実際に経験したものではないが、数字が持つ客観性が読み手に否応なしにノスタルジーを感じさせる。「さびれた」というのは事実であろうが、これもまた客観性によるものである。ここで注目したいのは第三点であり、魯迅は昔の故郷について具体的なことは何一つ語っていないにもかかわらず、いや、むしろ何も語れないという期待と失望の葛藤を語ることで、かえって故郷に対する深い想いを表現しているのである。

とはいえ、このような描写では、「二十年」という虚構にも支えられて、読み手の側が主人公（＝魯迅）のかつての故郷に対するノスタルジーの存在を慮ることはできても、魯迅がどのような風景にどのようなノスタルジーを感じていたのか、そもそも魯迅にとって風景がどれほどの意味を持っていたのか、詳しく見定めることは不可能である。

『故郷』ではその後、主人公が帰郷して母と会話しているうち、何気ない言葉から回想が始まり、そこではじめて過去の風景描写が出てくる。それは閏土という人物が主人公に会いに家に来るかもしれないと聞いたときである。[*4]

このとき、私の頭にふと一枚の不思議な画面が浮かび出た。深い藍色の空に金色の円い月がかかっている。下は海辺の砂地で、見渡すかぎり緑色の西瓜が植わっている。そのあいだに十一、二歳の少年が一人、首に銀の環をかけ、手に鉄の刺叉を握って、一匹の猹をめがけて力いっぱいに突く。猹はさっと身をくねらせると、逆に少年の股をくぐって逃げて行く。
この少年が閏土だった。

この後、主人公が閏土と楽しく過ごした日々の思い出が語られるわけだが、主人公は閏土を思い出すにあたり、まず風景が――人物そのものではなく――浮かび出た、というのである。このことは、主人公がノスタルジーにかられるとき、風景が強く印象に残っていたことを示すものである。ただし、興味深いのは、その場面は「美しさ」や「喜び」あるいは「悲しみ」や「寂しさ」といった感情に痛烈に訴えるようなものではなく、あくまで「不思議な」ものとして浮かび上がっている点である。

なぜ不思議な画面だったのかと言えば、後にも見るように、それは主人公が閏土との交流を通じて知った風景であり、物語の設定上では、主人公にとって見たこともない情景だったからである。もちろん、現実に魯迅はこういう風景を見ていたのかもしれないし、これが「美しい」風景かどうかと問われれば、美しい部類に入ることは間違いない。その意味では、「不思議な」という形容詞の裏に強い感情を読み取ることも可能ではある。しかし、主人公が過去の故郷に「美しい風景」を見出した、という点をとりあげるとしても、注意が必要である。というのは、主人公は作品中において実際にこれらの風景を見たわけではないという以上、普段の生活とは異なるという点にこそ美しさを見出したことになるからである。事実、主人公にとって、日常の風景とは「中庭の高い壁に仕切られた四角い空[*5]」でしかなかったが、それは決して美しいものとしては描かれていない。

その後、『故郷』の中ではいわゆる風景の描写はあまりないのだが、希望を失いつつあった主人公が再び旅立つ最終盤になり、突如としてまた風景が立ち現れてくる。それは以下のようなくだりである。[*6]

朦朧としたなかで、眼の前に海岸一面の緑の砂地がひろがった。その上の深い藍色の空には金色の円い月がかかっている。私は思った、希望とは元来あるとも言えぬし、ないとも言えぬものだ。それはちょうど地上の道のようなものだ。じつは地上にはもともと道はない、歩く人が多くなれば、道もできるのだ。

言うまでもなく、これは上に見た「不思議な画面」と同じものであり、それが今も昔と変わらずに存在することでもって、変わり果てた（？）故郷に対する失望から立ち直り、「希望」というものを考え直すことになる、魯迅の主張とも位置づけられるべき重要な描写である。では、この風景はノスタルジーという視点からはどのように解釈できるだろうか。

『故郷』において魯迅は、かつての故郷の風景をとりたてて賛美するのではなく、主人公の現在の鬱屈した感情を描き出すことで、間接的に故郷の風景に対する想いの強さを表現した。しかし、具体的に回想される場面では、風景はあくまで美しい記憶への導入として位置づけであった。また、それは確かに美しく、主人公にノスタルジーを呼び起こす要素ではあったが、過去の体験に深く根差したものではなかった。

というのも、この小説において魯迅は、この美しい風景にノスタルジーを呼び起こす手掛かりを求めているのではなく、現実のあらゆる雑事を超越するような存在としての意味を付与しているからである。人間社会に対する失望と無関係に存在する風景は、言うなれば、ノスタルジーを拒絶する存在であったのである。もちろん、失望と希望が表裏一体であることを理解する魯迅は、逆にそこに希望を見出そうとすることも戒める。

つまり、『故郷』という作品の中の風景から我々がいかにノスタルジックな感情を読み取ろうとも、それはすべて「描かれなかった」ものによるものであり、実際に描かれた風景は、特にノスタルジーを喚起するための要素として着目されるべきものではなかったと言えよう。

（b）『故郷』で語られた人物

それでは、人物に対してはどのように見ることができるだろうか。『故郷』に登場する人物は多くない。しかも、テーマをノスタルジーに限定せずとも、主人公が感情を具体的に表出するような相手はほとんど存在しない。例えば母親は、一緒に故郷を離れて今後の生活を共にする対象であるがゆえか、回想の対象にはなっておらず、物語の進行を支える補助的な役割でしかない。

ここでもメインとなるのはやはり閏土である。閏土の名前を聞いた瞬間、過去の美しい風景や思い出が頭を駆け巡ったということはすでに見た。では、そのような記憶を主人公に残した閏土はどのように描かれているのだろうか。まずは出会いを振り返る場面を確認しておこう。[*7]

> 彼（閏土――筆者註）を知ったころには、私もまだ十歳を少し出たくらいのものだった。（中略）その年、私の家は大きな祭りの当番に当たっていた。（中略）そこで彼（雇い人――筆者註）が、息子の閏土を呼んで祭りの道具の番をさせたら、と私の父に言ったのである。
> 父はそれを許した。私も嬉しかった。前から閏土の名は聞いていたし、私と同じ年ごろなこと、閏月生れで、五行に土が欠けているので、彼の父親が閏土という名前をつけたことなど知っていたからである。彼はわなをかけて小鳥をつかまえることができた。
> 私はそれで毎日新年を待ちわびた。新年が来れば、閏土も来るのだ。やっとのことで年末が来た。ある日、母が私に、閏土が来たよというので、私はとんで見に行った。彼は台所にいた。よく日に焼けた丸顔で、小さい毛の帽子をかぶり、首にはキラキラ光る銀の環をかけていた。父親にだいじにされていることがよくわかった。（中略）彼は人見知りをしたが、私にだけはそんな素振りがなく、誰も見ていないときには、私と口をきい

た。それで半日もせぬうちに、私たちはすっかりうちとけた。

私たちがあのとき、どんなことをしゃべったかおぼえていないが、ただ閏土が大張り切りだったことはたしかである。城内に来てから、いままで見たことのないものをたくさん見たと言っていた。

ここでは、（一）主人公がかねてから閏土に会いたがってこと、（二）閏土はとても育ちの良い人物であること、（三）普段別世界に住む二人だが、初めて会った瞬間から特別に打ち解けていたこと、が描かれている。これらはすべて過去の閏土に対する印象の良さを率直に表しており、いずれも本作品におけるノスタルジーの在処を構成する重要な要素である。

とはいえ、ここにも描写の上で十分に示されていないように思われることも指摘できるだろう。まず、閏土に会うことを嬉しく思い、待ちわびたのは、閏土の年齢と名前の由来を知っていたから、だけであろうか。また、「彼はわなをかけて小鳥をつかまえることができた」ことをいつどのようにして知ったのか——伝聞なのかあとに知ったのか——、語られてはいない。つまり、これまで会ったことのない人物を待ちわびるための情報としては、不十分あるいは不自然なのである。

いずれにせよ、前節にも見たように、主人公と閏土はこの短い期間にお互いの世界について多くの新しい発見をし、それだけに深く印象に残る出会いとなったことは読み取れる。それを補強するのが、以下の場面である。[*8]

残念ながら正月が過ぎると、閏土は家に帰らねばならなかった。私は別れが悲しくて大泣きに泣いた。閏土も台所にかくれて、帰るのがいやだと泣いたが、とうとう父親に連れられて行ってしまった。その後も彼は父親にことづけて貝殻をひと包みときれいな鳥の羽毛を何本か届けてくれた。私も彼に一、二度何か贈ったが、それきりもう会わなかった。

物語はその後、回想から現在に戻り、閏土と再会を果たす。そして、この小説の核心というべき場面が訪れるのである。[*9]

それは、寒い午後だった。私は昼食をすませたあと、お茶を飲んでいた。誰かはいって来たような気がしたので、ふり返って見た。そのとたん、思わずハッとして、急いで立ちあがり、かけ寄った。

来たのは閏土だった。私はひと目見て閏土だとわかったが、それは私の記憶のなかにある閏土ではなかった。背丈は倍ほどになっている。昔の、日に焼けた丸顔は、すっかり土気色に変わり、しかも深いしわもきざまれている。眼も父親と同じように、まわりが真っ赤にはれている。これは、私は知っているが、海辺で耕作している人は、一日中、潮風に吹かれるので、たいていこうなるのだ。

（中略）

私はこのとき興奮していた。しかし、なんと言っていいかわからず、ただ、

「やあ、閏さん、――いらっしゃい……」とだけ言った。

（中略）

彼は立ちどまった。喜びと寂しさの表情が顔に浮かんだ。唇が動いているが、声にならない。とうとう彼はかしこまった態度になり、はっきり、

「旦那様、……」と言った。

私は身ぶるいが出たような気がした。私はこれで知った、私たちのあいだには、もう悲しむべき厚い壁がで

きてしまっているのだ。私も何も言えなかった。

この場面は当然ながら、閏土自身はもちろん、彼と主人公との関係が二十年の時を経て変わってしまったことを嘆くものであり、そこにはもう戻って来ない過去（＝理想）を想うノスタルジーが表出されていることは間違いない。しかし、その感情をどこまで痛切に受け取るべきか、となると、問題はそれほど単純ではない。というのも、魯迅は主人公と閏土との関係に、描写されている以上の意味を付与しようとし過ぎているからである。

元々主人公とは明らかに別世界に住み、しかも子ども時代に数日間しか会ったことのない閏土に対して、これほどまで期待と失望を感じさせようとしているのは、そこに「大きな問題」を見出したいからである。即ち、周知のとおり、ここで魯迅が表そうとしているのは、旧来の中国社会に潜む問題――階級格差とその意識など――の方であり、それを小説という手法に則って主人公一個人の感情を通して描写したと見る方が、単純にノスタルジーを表したと見るより、はるかに妥当なのである。だからこそ、この作品では別世界に住む閏土を主要人物として登場させる必要があったのであり、なおかつ過去における彼との親密さを強調する必要があったのである。その意味では、中国社会の歪みの是正を志す魯迅にとって、失われた過去への嘆きは付随的なものか、あるいは否定するべきものですらあり得る。

ところで、人物と言えば、この作品にはもう一人過去と現在が対照的に語られている者がいる。豆腐屋の楊二嫂である。[*10]

ああ、思い出した。子供のころ、筋向かいの豆腐屋にたしかに一日中、楊二嫂という人が坐っていて、みんな「豆腐屋小町」と呼んでいたものだった。しかし白粉をつけていたし、頬骨はこんなに出ていず、唇もこんなに薄くなかった。それに一日中坐っていたから、こんなコンパスみたいな姿勢も見たことはなかった。あのころは、彼女のおかげで、豆腐屋の商売が繁昌してるのだという噂だった。しかし、たぶんまだ年がいっていなかったからだろう。私は何も感じなかったから、それですっかり忘れてしまったのだ。

（中略）

「忘れちゃった？　お偉い方の眼には下々のことはいらないやね……」

「とんでもない……ぼくは……」、私は返事にこまり、立ち上がって言った。

ここでも主題は同様であり、かつての看板娘が年とともに変わり果て、主人公に対するやっかみを吐露するという形で、中国社会の汚点をつくのだが、ここにおいてノスタルジーはもはや窺えない。

以上のように、『故郷』の人物は、ノスタルジーの対象として描かれているわけではなかった。閏土については、過去と現在との対比が鮮明であるため、そこにノスタルジーを見出すのは容易であるが、対比があまりに鮮明過ぎるため、かえってリアリティを欠いているとも言えよう。

（c）『故郷』で語られた出来事

『故郷』では、閏土との思い出と現在の荒んだ状況とのギャップが物語の軸になっているため、人物と出来事は常に渾然一体となっているのだが、ここでは、ノスタルジーの託し方として三つの対象があるという前提から考えるため、あえて両者を区別して論じてみたい。つまり、前節では主人公と閏土の直接的な関係とそこに表れる感情を問題にしたのに対し、ここでは閏土から学んだこと、いわば閏土を介して主人公が見出した故郷に対する想いを問題にすることになる。

主人公は閏土との会話を通じて、農村での生活の様子を詳しく知り、以下のようなことを語っている。[*11]

私はいままでまるで知らなかった、世の中にはこんなにたくさんの新鮮なことがあったのか。海辺には五色の貝殻がそんなにあるのか。西瓜はそんな危険な目をくぐってくるものなのか。それまで西瓜とは果物屋の店先で売っているものとしか知らなかった。

（中略）

ああ、閏土の頭にはなんと珍しいことが無尽蔵につまっていることだろう。私の日ごろの友達が知らないことばかりだ。彼らはなんにも知りはしない。閏土が海辺にいるとき、彼らは私同様、中庭の高い壁に仕切られた四角い空しか見ていないのだ。

こうした自然風景の存在は、すべて主人公が閏土から学んだことであるがゆえに、閏土という名前を聞いた瞬間に突如として眼前に現れた情景が、主人公にとっては「不思議な画面」だった、ということはすでに見た。それは確かに故郷の風景に対するノスタルジーを喚起するものでもあるだろうし、その記憶をもたらしてくれた閏土という人物に対するノスタルジーを喚起するものでもあるだろう。だが、ここであえて強調しておきたいのは、これは何よりも主人公の故郷に対する認識を変えた出来事として重要なのだ、ということである。実際、こうした閏土との思い出を含めて、主人公はこの一連の回想を次のように締めくくっている。[*12]

いま母が彼のことを言い出したことで、了供のころの記憶が、たちまち、いなずまのようにそっくりよみがえり、美しい故郷を目の前に見たような気がした。

この「美しい故郷」は「子供のころの記憶」全体のことであって、風景のみを指していないことは明らかであろう。そして、それはまた、閏土という人物に還元できるものでもないのである。この点は、現在の主人公が閏土という人物に求めていたのは「子どものころの対等で気の置けない関係」であり、このことはそれが崩れたがゆえに失望した、という事実から明らかである。逆に言えば、主人公の記憶のなかには、閏土という人物とは独立して「美しい故郷」に対するノスタルジーが存在するのであり、それは目の前に客観的に存在する風景や人物とは異なる「出来事」のなせる業である。

2　諸作品に見るノスタルジー

本節では、『故郷』という作品を離れて、魯迅が故郷について書き綴った場面のあるいくつかの作品をとりあげて、そのなかで彼のノスタルジーがどのように表現されているかを見ることにする。とりあげる作品は、主としてエッセイであり、小説も含まれるが、かなり自伝的な色合いの強いものである。こちらもやはり同様に「風景」「人物」「出来事」に分けて見ていくが、そのとき『故郷』で表現されたノスタルジーとは同じなのか、異なるのか、ということに注目し、考察の手がかりとしたい。

(a)　魯迅と風景

魯迅が故郷の風景をどのように思い起こしているのかを見ていく。まずは『野草』に収められている「雪」というエッセイを見てみよう。[*13]

暖国の雨は、どんなときでも堅く凍りついてきらきらと光る雪に変わることはない。（中略）それにしても江南の雪は、しっとりとしてこの上もなく美しい。それはまださだかではない青春のおとずれであり、ひときわすこやかな処女の肌である。雪におおわれた野原には、深紅の椿と、緑がかった一重の白梅と、濃い黄色の鉢型をした蠟梅の花が咲く。雪の下には、冴えた緑色の雑草も生えている。蝶がいないのはたしかだが、蜜蜂が椿や梅の花に蜜をとりに来たかどうかは、わたしの記憶でもはっきりしない。だが、わたしの眼の前には、雪におおわれた野原に冬の花が咲き、たくさんの蜜蜂たちがせわしげに飛びまわるのがありありと見え、そのぶんぶんとうなる音までも聞こえてくる。

ここでは、故郷である江南地方の雪がいかに美しく、その雪に映える自然もまたいかに美しかったかが回想されている。しかも興味深いのは、「私の記憶でもはっきりしない」と言っているにもかかわらず、それを懐かしげにリアリティをもって回想している点であり、作為的なまでに美化された故郷の「雪」の風景に対するノスタルジーをうかがうことができる。一方で、魯迅はさらに当時暮らしていた北京の雪についても語っている。[*14]

ところで北国に降る雪は、舞おちてからも粉か砂のようで、いつまでも固まらない。屋根の上や地面の上や枯れ草の上など、どこへまき散らされようと同様である。（中略）そうだ、それは孤独な雪である。死んでしまった雨であり、雨の精霊なのである。

故郷の美しく光る雪やその周りの自然風景に対比して、この北京の雪に対する冷たい態度はどうであろうか。確かに固まらない北国の雪が方々に飛散するのは事実であろう。しかし、「孤独な雪」や「死んでしまった雨」というのは明らかに主観であり、魯迅の北京に対する居心地の悪さが、すでに想像上でしかない故郷の美しい雪へのノスタルジーを際立たせていると言えよう。もちろん、暖国では雪が降ることすらなく、論外である。

『野草』には他にも、「凧」というエッセイがあり、そこでも北京と故郷の風景を対比させるような描写があるので、見てみよう。*15

北京の冬は、地上に雪が残り、晴れわたった大空に黒ずんだ裸の樹が枝をかわし、遠くに一つ二つの凧があがっている。それはわたしにある種の違和感と悲哀を感じさせる。

故郷の凧をあげる季節は、春の二月である。ヒューという唸りの音を聞きつけて顔をあげると、薄墨色の蟹凧か水色の蜈蚣凧が眼にはいる。またさびしげな瓦凧もあって、これには唸りがなく、あまり高くあがらないから、しょんぼりして、いかにも頼りなさそうに見える。だが、このとき、地上では楊柳がすでに芽を吹き、早咲きの野桃もたくさんの蕾をつけ、子どもたちによる大空の飾りつけと映りあってうららかな春景色をつくりあげている。わたしは今どこにいるのだろう。四方はすべて冬の寒気につつまれているのに、別れて久しい故郷の過ぎ去って久しい春が、この大空のあたりにただよっている。

「凧」は、魯迅が空に浮かぶ凧を見たのをきっかけに、故郷での苦い記憶を想起するというエッセイであり、その主題である「ある種の違和感と悲哀」が何であるかは後述するが、この数行だけからでも故郷に対するノスタルジーを感じることができよう。即ち、故郷に凧が揚がる二月、——魯迅自身は凧が好きではないのだが——凧揚げをする子どもたちとそれを囲む草木の様子は、春の訪れを感じさせる暖かなものであり、その記憶には懐かしさや美しさにあふれている。その一方で、現在身を置く北京では、魯迅はまだ地上に雪が残るほど厳しい寒さに囲まれているのである。もちろん、空にはそういった季節を感じさせるものはないので、揚がっている「凧」そのものは故郷と何ら変わるところはないのに、それだけに、どこにいるのかわからなくなるほど違和感に包まれていたのだろう。季節感というものは、長年の生活に基づく理屈抜きの感覚であり、別れて久しい故郷でのそれが魯迅にとっていまだに絶対的なものであることを、このエッセイでもはっきりと示している。

こうしてみると、魯迅が『故郷』において描く風景と、『野草』において描くそれでは、ことノスタルジーという視点からすれば、全く異なる性質を持っていることがわかる。前者における風景は、主に「描かない」ということによってノスタルジーを喚起させるものであり、描かれた風景——現前するにせよ想起するにせよ——は、むしろ主人公の経験や感覚とは関係の希薄なものであった。その一方で、後者における風景は、誇張ともいえるほどに魯迅の気持ちが投影され、故郷とそれ以外の地域を差別化し、ノスタルジックな心情を直接的に表現したものであった。この大きな違いに留意しつつ、風景以外の要素についても見ていくことにしよう。

(b)　魯迅と人物

人物を描くとき、特定個人を描く場合と集団を描く場合がある。『故郷』においては、後者は街に住む「友達」くらいであり、閏土との比較の対象というくらいの意味しかなかったが、本節では、両者ともに題材があるので、順に論じていく。まずは、中国社会において、各人にとって最も影響力を持つ父親についての描写である。以下、やや長くなるが、魯迅にとって印象深い出来事であった、ある年の「五猖会」をめぐる一連の顛末を引用する。[*16]

東関へ五猖会を見物に行くこと、これは私の子供時分のめったにない盛事だった。お祭りそのものが県下最大であったうえ、東関へ行くまでがまた大変だったからである。

（中略）

東関は町から離れているので、皆は朝早くから起き出す。昨夜のうち予約してあった三枚窓の大型船が、すでに船着き場に横づけになっており、船上で使う椅子、飯やお菜、茶道具、菓子器などがつぎつぎに運びこまれる。私は早く早くと、はしゃぎ回り急き立てる。と、不意に下男たちが顔を固くする。おかしいなと思って見回すと、父が後ろに立っているのだった。

（中略）

「お前の本を持って来なさい」父が静かに言った。

（中略）

「繰り返し読むんだ。暗誦できぬうちは、祭礼見物には行かせんからな」

と言うと、席を立って奥へはいってしまった。

（中略）

彼らはみな黙っていた。日もいっそう高くなった。私はふと、もうできたような気分になって、つと立った。本を持って父の書斎にはいり、いきなり始めて、夢中で最後の一句まで暗誦した。

「よろしい。行きなさい」

父はうなずいた。

皆はいっせいに動きだし、にこにこしながら船着き場へ向かった。下男は私の成功を祝うかのように、私をたかだかと抱きあげ、皆の先頭に立って走りださんばかりだった。

しかし、私は彼らのように楽しくはなかった。船が出てからの、途中の風景、菓子器の中の菓子はもとより、東関に着いてからの五猖会の賑いも、一つとして大したことだとは思えなかった。

今、ほかのことはきれいさっぱり忘れてしまい、一点の痕跡すらとどめていないのに、『鑑略』を暗誦したときのことだけは、まるで昨日のことのようにあざやかに覚えている。

今でもこれを思い出すたびに、父はなぜあのとき私に暗誦なぞさせたのだろうと、首をひねるばかりなのである。

このエッセイは、タイトルこそ「五猖会」であるが、内容は父親とのやり取りが主である。楽しみにしていた五猖会が「大したこととは思えなかった」り、「ほかのことはきれいさっぱり忘れてしま」ったりしているのに、なぜこのタイトルなのかはここではさて置くとして、ここから伝わってくるのは、祭りよりも鮮明な記憶としての父親への畏怖、畏敬の念である。しかし、「思い出すたびに……首をひねるばかり」とも言っているように、父親に盲目的に追従しているわけではない。もちろん、これはある意味で、父系社会の伝統をもつ中国においては異例のことであり、そこに魯迅の特殊性あるいは彼の伝統社会に対する批判的精神を見出すことは可能かもしれない。ただ、ここではその点については殊更に強調することはせず、父親という人物に対する鮮明な記憶と冷静な態度を見るにとどめておこう。

次に、これまた魯迅にとって非常に近しい関係にあった人物として、阿長への想いをとりあげる。以下のエッセイは、ある事件以来疎ましく思っていた阿長への感情が『山海経』という書物をめぐって変化する様子を描き、回想したものである。[*17]

長媽媽は、前にも言ったが、私付きの女中だった。体裁よく言ってみれば、私の乳母である。私の母やほかの人たちがみなこう呼んでいたのは、彼女を立てていたのかもしれない。祖母だけは、阿長と呼び捨てにしていた。私はふだん「阿媽」と呼んで、「長」すらつけなかった。もっとも、彼女を憎らしく思ったとき、たとえば私の隠鼠を殺したのが実は彼女だと知ったときなどは、阿長と呼び捨てにした。

（中略）

蔭で人のことをあれこれ言うのは感心できることではないが、もし本心を言ってみよというなら、私はどうしても彼女を尊敬できなかったと言わざるを得ない。もっとも嫌だったのは、いつも、もっともらしい顔をして、ひそひそと何事かささやきかけ、そのうえ人差し指を立てて振り回したり、相手や自分の鼻先に突きつけたりしたことだ。

（中略）

だが、私は隠鼠を悼み、彼のために復讐を進めつつあったそのとき、一方ではまた挿絵入りの『山海経』に限りないあこがれを抱いてもいた。

（中略）

「お坊ちゃま、絵のついた『サンコー経』でございますよ。買ってきてあげましたよ」

（中略）

これはまた私に新たな敬意を抱かせることになった。ほかの人がしてくれようとしなかったこと、あるいはすることができなかったことを、彼女は見事にやってのけたのだ。彼女はたしかに偉大な神通力の持主である。隠鼠を殺された恨みは、これ以来、完全に消え去った。

（中略）

私の乳母、長媽媽すなわち阿長がこの世を辞してから、おおよそ三十年になる。私はついに彼女の姓名、彼女の経歴を知ることなく、養子が一人いたのを知っているばかりである。彼女はたぶん若くして夫に先立たれた寡婦だったのだろう。

恵み深くして暗黒なる大地の母よ、願わくはあなたの懐に彼女の霊魂を永久に休ましめられんことを。

魯迅の乳母である阿長にはかつて飼っていた隠鼠なるものを殺され、また人柄を好きになれなかったのが、欲してやまなかった『山海経』を買ってもらってから感情が一変するという、大して深みもない子供心の単純さがそのまま描かれているわけだが、最終的には、彼女の境遇をある程度理解したのちの魯迅にとって、阿長は愛すべき乳母であり、ふとした瞬間に偲ばれるような対象であった。それゆえ、このエッセイには自身の幼少時代の阿長への勝手気ままな態度を振り返り、不憫な彼女を思いやるようなノスタルジーが現れているようにも見える。しかし、一連の描写や阿長に対する評価はあくまで冷静であり、人物——幼少期の魯迅自身を含めた——に対する蔑みや美化などは見られない。先に見た父親に対する態度と同様のものがここにも読み取れよう。

次に見るのは、「無常」というエッセイにある匿名の集団に対する描写である。自身の肉親ではなく「故郷にいた人々」を魯迅はどのように回想しているのだろうか。[*18]

およそどんなところでも、もしも文士とか学者とか名士とかが出て、その彼が筆をひとひねりすれば、たちまち「模範県」になってしまうものだ。私の故郷は、漢末に虞仲翔先生が賞め上げてくれたことがあったが、何といってもあまりに早すぎた。それで、後になっていわゆる「紹興師爺」の産地ということにされてしまったのだ。もっとも老若男女がすべて「紹興師爺」という訳ではなく、ほかの「下等な人種」も少なくない。これらの「下等な人種」は、（中略）といった熱に浮かされたような名言を吐いてみようと思ったところで、できるはずがない。しかし、無意識のうちにその「ぼんやりとした霧の中に隠された目的地」へいたる道をはっきりと見定めている。求婚し、結婚し、子供を産み、そして死ぬという道だ。だが、これはむろん私の故郷についてだけ言ったもので、「模範県」の人民は当然のこと、こんなことはあるまい。

（中略）

私は今もってはっきりと覚えているが、故郷にいた時分には、いつも「下等な人種」といっしょに、こんなふうに胸をおどらせながら、この鬼にして人、理にして情、怖るべくして愛すべき無常を見まもり、彼の泣き顔や笑い顔、おどし文句やおどけ文句を楽しんだものだ……。

自身の故郷について、遠い過去の名声がもはや有名無実であると言い放ち、逆に「下等な人種」が多いと言ってしまうのは、ある種の啓蒙的な響きを漂わせている。しかし、もちろんそれは表向きの描写であって、「模範県」を問題にするのは過去を引きずる中国社会への批判的な態度の表れであろうし、そしてさらに他の「模範県」の人民について語るくだりは、魯迅一流の皮肉にあふれている。

それでも、この「下等な人種」という表現にはまた同時に、愛情があふれていることも読み取れよう。特に引用箇所の後段においては、魯迅が幼少時代を一緒に過ごし、苦楽を共にした人々へのノスタルジーがはっきりと表れている。ここからは啓蒙主義者としての使命感と、人間の自然な生き方を肯定する気持ちを複雑に絡ませながら、自身の故郷の人々に対して特別な感情を抱いていることが伺えるだろう。

以上に見てきたように、魯迅が『朝花夕拾』というエッセイにおいて人物について語るとき、個人であるか集団であるかを問わず、旧社会の価値観や人間の性質を批判的に指摘しつつ、また自分がその枠を出ていないことも認識する。そして、ノスタルジックではあるが盲目的ではない、多面性を含ませていると言うことができる。これは『故郷』における人物描写とは大いに異なる。しかし、その相違の在り方は、風景における相違ともまた異なっていることにも気づくだろう。魯迅は人物を美化しているわけではなかった。むしろ、ありのままの存在として想起し、ノスタルジーを感じていると言える。この点については、本章の結論で改めて論じることにしよう。

(c) 魯迅と出来事

最後に、過去の出来事について魯迅がどのように振り返っているのか、『故郷』以外の作品について見ることにする。ここでとりあげる作品は三つあり、すでに見てきた『野草』および『朝花夕拾』にあるエッセイのほか、『故郷』と同じ小説集『吶喊』に含まれる『村芝居』という小説がある。特に後者は、『故郷』と同じ時期に書かれていることもあり、その点でも考察に値しよう。以下、順に見ていく。

『野草』では、「魯迅と風景」の項目でも扱った「凧」というエッセイに、魯迅にとって痛切によみがえる出来事の記憶が克明に描かれている。それは北京の凧揚げの風景について書いた後に続く以下の述懐である。[*19]

けれどもわたしは、以前から凧あげが好きでなかった。好きでなかったというよりは、むしろ嫌っていた。それは意気地のない子どもの作る遊び道具としか、わたしには思えなかった。これと正反対なのが、わたしの下の弟であった。そのころおそらく十歳前後であったろう。病気がちで、ひどく瘠せていたのに、凧が大好きであった。とはいっても、自分では買えないし、わたしも凧あげを許さなかった。

(中略)

ある日のこと、わたしはふと気がついた。(中略)はっと思いあたることがあって、わたしはふだん人の行かない、がらくたを積みあげた小屋へと走った。戸をあけると、やはりほこりをかぶったがらくたの山のなかに彼が見つかった。（中略）わたしは秘密をつきとめたことで、いい気持になっていた。そして弟が、わたしの眼をごまかし、意気地のない子どもの遊び道具を、自分一人で苦心してこっそり作っていたことに、ひどく腹をたてた。わたしはいきなり手をのばして、蝶の片方の羽根をへし折り、それから唸りを地面に投げて足で踏みつぶした。年からいっても力からいっても、彼はわたしの相手にならなかった。むろんわたしの完全な勝利であった。絶望して突っ立っている彼を小屋に残して、わたしは意気揚々と引きあげた。そのあとで彼がどうしたか、わたしは知らなかったし、気にもとめなかった。

しかし、ついにわたしの罰を受けるときがめぐって来た。おたがいに長いこと離ればなれに暮らしてきて、わたしはすでに中年になっていた。不幸にもたまたま児童問題をあつかった一冊の外国の本を読み、遊びは児童のもっとも正当な行為であり、玩具は児童の天使である、とはじめて知った。そして、二十年このかた思いかえすこともなかった幼いころの弟の精神に対する虐殺のその一幕が、ふいに眼の前に展開された。わたしの心はたちまち鉛の塊に変わったかのように、重くなって落ちこんでいった。

（中略）

それを償う方法は、わたしも知っていた。彼に凧を送りとどけ、それをあげるのに賛成し、あげるように勧め、わたしも彼といっしょにあげる。そして、二人で大声を出し、走りまわり、笑いあえばいい。——しかし、そのとき彼は、わたしと同じもう口ひげを生やしていた。

もっと別の償い方も、わたしは知っていた。彼に会って許しを求め、彼の口から「わたしは兄さんを恨んだりはしていませんよ」と言ってもらう。そうすれば、わたしの心はきっと軽くなるだろう。

（中略）

今も、故郷の春はこの異郷の大空にただよっている。それは、過ぎ去って久しい子どものころの追憶と、それにまつわるとらえどころのない悲哀とを、わたしによびさました。

このエッセイをノスタルジーという視点から見ると、やや複雑ではある。というのは、魯迅の思いついた「二つの償い」は結果としてどちらも実現することはなく、この記憶は最終的には彼にとって重苦しい悲哀をもたらすものであり、序章で述べられているところの「否定的」な感情（＝トラウマ）に属するからである。しかし他方で、魯迅にとって、屈折してはいるが栄光の記憶だった時期もあり、それがために深く記憶に残っているとも言えるのである。

もっとも、本章の目的は、魯迅が過去を強い想いで振り返るとき、そこにノスタルジーがどう表現されているかを見ることにある。それゆえ、この記憶がノスタルジーに属するのかトラウマに属するのか、という単純な分類の問題にはせず、「その両面を持ちつつ居ても立っても居られない現在」がこのエッセイで描かれる出来事には表現されている、ということを指摘しておきたい。

次に見るのは、『朝花夕拾』の「小序」であるが、ここで描かれている事柄は比較的シンプルである。このエッセイ集をまとめるにあたって、過去を振り返ることの不安定さを指摘しつつ、以下のように言うのである。[*20]

以前、子供のころ故郷で食べた菱の実、そら豆、まこもの芽、まくわ瓜などの蔬菜類のことがしきりに思い出された時期があった。それらはすべておいしく香ばしく、私を望郷の思いに駆り立てたものであった。その後、久し振りに食べてみたところ、べつに取り立てて言うほどのものではなかった。ただ、記憶の上でだけは、今もって昔の味が残っている。それらは、もしかしたら私を一生欺きとおし、常に私を振り返らせようとしているのかもしれない。

この部分は、出来事というにはあまりに即物的ではあるが、「望郷の思いに駆り立てた」というからには、単に味覚として蔬菜類が食べたくなったということではなく、一連の幼少体験を含めた懐かしさ（＝ノスタルジー）と見るべきだろう。それはかけがえのない感覚として魯迅自身にしみついたものであった。

だが、その一方で、その過去の経験や感覚に囚われているのでもなかった。ノスタルジーが今現在の味覚に大きく作用したわけでもなく、あくまで冷静に現状をとらえているのである。そして、だからと言って自分が過去を美化していると言っているわけでもない。記憶が「もしかしたら私を一生欺きとおし」ている可能性も含みつつ、両面をあるがままに受け入れているのである。

最後にとりあげるのは、小説『村芝居』である。これは『故郷』よりもさらにエッセイ色が強い自伝的小説であるが、ここでは過去の出来事をどのように振り返っているのだろうか。小説のタイトル通り、故郷で見た芝居が話題となっている。[*21]

今から過去にさかのぼって二十年のあいだ、私は中国の芝居を二回しか見ていない。前半の十年には、その気持も機会もなくてまったく見なかったから、その二回というのはいずれも後半の十年のことなのだが、二度ともろくに見もしないで出て来てしまった。

（中略）

私はたしかに野外ですばらしい芝居を見た記憶があるからである。北京に来てから二度もつづけて劇場へ行ったのも、そのときの影響だったのかもしれないのだ。

（中略）

そのすばらしい芝居を私が見たのは、もうまったく「遥かな昔」になってしまった。あのころ、おそらく私はまだほんの十一、二歳だったろう。

（中略）

しかし、私にしてもトンボ返りはどうでもよかった。私がいちばん見たかったのは、白い布をかぶり、一本の棒のような蛇の頭を両手でかざした蛇の精で、そのつぎは黄色い衣を着てとびまわる虎だった。しかし、いくら待ってもどちらも出て来ない。小旦は引っこんだが、すぐまたひどく年をとった小生が出て来た。私は少しあきて、桂生に豆乳を買いに行ってもらった。

（中略）

がまんして見つづけたが、どんなものを見たのかも、はっきりしない。ただ役者の顔もだんだんおぼろげになって、目鼻もはっきりしなくなり、なんの高低もないのっぺりしたものになって来たような気がした。年少の数人はしきりにあくびをしはじめ、年かさの者もそれぞれ勝手におしゃべりをしていた。しかし赤い上着を着た道化が柱に縛りつけられ、ごま塩ひげの老人に馬の鞭で打たれはじめたときには、みんな、ようやく元気になって笑いながら見た。今夜の場面のなかで、これがいちばんおもしろい、と私は思った。

（中略）

あの晩のようなすばらしい芝居は二度と見たことがない。

この小説は、（一）北京で見た芝居はつまらない、（二）昔、野外で素晴らしい芝居を見た記憶がある、という書き出しから過去を回想するという形式をとるが、実際に語られている過去の芝居はいかなるものだろうか。意外にも、右に引用したように、芝居の大半は期待外れのものであり、「いちばんおもしろい」と思ったのも、全く取るに足らない場面だったことしか描かれていないのである。だが、それにもかかわらず、「あの晩のようなすばらしい芝居は二度と見たことがない」と締めくくっているのは、一体どういう意味だろうか。

『故郷』に見られるような過去をめぐる美化も葛藤も、読み取れそうにない。しかし、「おもしろい」や「すばらしい」といった感想は実に率直であり、その口調からは魯迅流の皮肉でもって村芝居を批判しているとも思われない。ただはっきりしているのは、現況に対して否定的な姿勢だけである。つまり、北京の芝居がつまらなかったことと、過去に故郷で見た「すばらしい」芝居への回想を対比させる点において、非常にノスタルジックな小説にはなっているものの、当の回想の内容はドラマチックなものではなく、面白さと退屈さの両面をリアルに描いているのである。もちろん、そうした手法が読者にもたらす効果は、解釈次第ではあろうが。

魯迅が過去の出来事について語るとき、その当時の感覚をそのまま受け入れ、描き出すことで、生き生きと活動していた幼少期の故郷に向けての確かなノスタルジーを感じさせる。と同時に、魯迅はそうした感覚が今のものとは異なっていることを認めるのにもやぶさかではなかった。そして、その際にはどちらかを否定したり修正したりして一貫性を持たせようとするのではなく、両方を受け入れるような態度で作品を書いた。それはある意味では冷めた態度であり、ノスタルジー的感情は弱いと言うことはできるのかもしれない。しかし、過去や故郷に対する確固たる想いがある以上、かつそれが往々にして現況を否定的にとらえる言動に向く以上、やはりそれは紛れもないノスタルジーであり、その表し方が魯迅流だった、と考える方が順当ではないかと思われる。

おわりに

青年期以降を中国や日本の各地で過ごした魯迅が、故郷を愛し、ときにこれを振り返り、ノスタルジーにふけっていたことは想像に難くない。しかし、それを作品としてどう表現したかということになると、決して単純なものではなく、いくつか興味深い点が見られた。最後にそれを整理し、若干の考察を加えて本章を終えたい。

まず本章では、ノスタルジーを感じる対象を「風景」「人物」「出来事」の三つに分けた。こう分けることで、それぞれの結果に違いが出たということは、この分析手法があながち間違いではなかったことを示すものであろう。『故郷』においては、風景は「描かれない」ことでノスタルジーを喚起させる役割こそあったものの、実際に描かれている風景は、むしろ現実世界から超越した存在としての意味が与えられていた。人物は、ドラマチックな展開や「教訓」を導く中心的な役割を果たすが、それだけに、先に与えられた結論を裏付けるだけのリアリティのあるノスタルジーを描いてはいなかった。そうしたなかで、過去に（人物を介してという設定ではあるが）経験した出来事は、「美しい故郷」の記憶を形成する要素として、はっきりと描かれていた。これをやや単純ながら図式化すれば、『故郷』におけるノスタルジーの重点は、「出来事＞人物＞風景」であると言うことができる。

一方、『故郷』以外の諸作品——ここでは数篇のエッセイと一篇の小説——では、ノスタルジーは別の形で表されていた。風景においては、過去に見た（らしき）情景が生き生きとよみがえり、誇張とも言えるほどに美しく、現在との差異を際立たせるものだった。ところが、人物に対しては、懐かしさや愛情こそ感じさせるものではあったが、美化する様子も過度に思い出にふける様子も見られなかった。そして、出来事においては、幼少時の感覚をよみがえらせながらも、それを冷静に見返す自分や変化した自分にも自覚的であった。これを先と同様に図式化すれば、「風景∨人物∨出来事」であると言うことができる。このように、『故郷』と他の作品では、ノスタルジーの表し方が全く異なっているのである。

このように指摘したうえで、次なる問題はやはり、なぜそうなったのか、であろう。一つ考えられることは、執筆時期の問題であり、『故郷』の発表が一九二一年であるのに対して、『野草』は一九二五年、『朝花夕拾』は一九二六年と数年間の開きがあることである。中井政喜によれば、[*22]一九二六年頃というのは魯迅の民衆像が変化した時期であり、これと関係すると見ることもできる。しかし、最後に引用した小説『村芝居』は『故郷』と同時期であるので、必ずしも執筆時期で説明できるものではない。

であればやはり、魯迅は自分の故郷観を変えて『故郷』を書いたと見る方が妥当ではないだろうか。『故郷』は文字通り「故郷」を扱いながらも、啓蒙という目的を持っていた。それゆえ、「故郷」を正面からテーマとするがゆえに、かえって意識された（＝自然体でない）故郷観を示すことになった、ということである。少なくとも、ノスタルジーという切り口から見るならば、それが浮き彫りになっている、というのが本章の結論である。

注

1 たとえば、現在日本における魯迅研究の第一人者として知られる藤井省三の専著『魯迅――「故郷」の風景』（平凡社、一九八六年一〇月）においても、ノスタルジーについては扱われていない。

2 『故郷』、「我冒了严寒、回到相隔二千余里、别了二十余年的故乡去。时候既然是深冬；渐近故乡时、天气又阴晦了、冷风吹进船舱中、呜呜的响、从篷隙向外一望、苍黄的天底下、远近横着几个萧索的荒村、没有一些活气。我的心禁不住悲凉起来了。阿！这不是我二十年来时时记得的故乡？我所记得的故乡全不如此。我的故乡好得多了。但要我记起他的美丽、说出他的佳处来、却又没有影像、没有言辞了。仿佛也就如此。于是我自己解释说：故乡本也如此、――虽然没有进步、也未必有如我所感的悲凉、这只是我自己心情的改变罢了、因为我这次回乡、本没有什么好心绪」。

3 このことはもちろん、魯迅の経歴を計算すれば一目瞭然であるが、これ以外にも『故郷』をめぐる事実と虚構を整理したものとしては、横山永三「魯迅ノート――『故郷』を中心にして――」(『山口大学文学会志』一六―一、一九六五年七月)がわかりやすい。

4 『故郷』、「这时候、我的脑里忽然闪出一幅神异的图画来：深蓝的天空中挂着一轮金黄的圆月、下面是海边的沙地、都种着一望无际的碧绿的西瓜、其间有一个十一二岁的少年、项带银圈、手捏一柄钢叉、向一匹猹尽力的刺去、那猹却将身一扭、反从他的胯下逃走了。这少年便是闰土」。

5 『故郷』、「他们都和我一样只看见院子里高墙上的四角的天空」。

6 『故郷』、「我在朦胧中、眼前展开一片海边碧绿的沙地来、上面深蓝的天空中挂着一轮金黄的圆月。我想：希望是本无所谓有、无所谓无的。这正如地上的路；其实地上本没有路、走的人多了、也便成了路」。

7 『故郷』、「……我认识他时、也不过十多岁、……那一年、我家是一件大祭祀的值年。……他便对父亲说、可以叫他的儿子闰土来管祭器的。我的父亲允许了；我也很高兴、因为我早听到闰土这名字、而且知道他和我仿佛年纪、闰月生的、五行缺土、所以他的父亲叫他闰土。他是能装弶捉小鸟雀的。我于是日日盼望新年、新年到、闰土也就到了。好容易到了年末、有一日、母亲告诉我、闰土来了、我便飞跑的去看。他正在厨房里、紫色的圆脸、头戴一顶小毡帽、颈上套一个明晃晃的银项圈、这可见他的父亲十分爱他、怕他死去、所以在神佛面前许下愿心、用圈子将他套住了。他见人很怕羞、只是不怕我、没有旁人的时候、便和我说话、于是不到半日、我们便熟识了。我们那时候不知道谈些什么、只记得闰土很高兴、说是上城之后、见了许多没有见过的东西」。

8 『故郷』、「可惜正月过去了、闰土须回家里去、我急得大哭、他也躲到厨房里、哭着不肯出门、但终于被他父亲带走了。他后来还托他的父亲带给我一包贝壳和几支很好看的鸟毛、我也曾送他一两次东西、但从此没有再见面」。

9 『故郷』、「一日是天气很冷的午后、我吃过午饭、坐着喝茶、觉得外面有人进来了、便回头去看。我看时、不由的非常出惊、慌忙站起身、迎着走去。这来的便是闰土。虽然我一见便知道是闰土、但又不是我这记忆上的闰土了。他身材增加了一倍；先前的紫色的圆脸、已经变作灰黄、而且加上了很深的皱纹；眼睛也像他父亲一样、周围都肿得通红、这我知道、在海边种地的人、终日吹着海风、大抵是这样的。……我这时很兴奋、但不知道怎么说才好、只是说：〝阿！闰土哥、——你来了？……〟……他站住了、脸上现出欢喜和凄凉的神情；动着嘴唇、却没有作声。他的态度终于恭敬起来了、分明的叫道：〝老爷！……〟我似乎打了一个寒噤；我就知道、我们之间已经隔了一层可悲的厚障壁了。我也说不出话」。

10 『故郷』、「哦、我记得了。我孩子时候、在斜对门的豆腐店里确乎终日坐着一个杨二嫂、人都叫伊〝豆腐西施〟。但是擦着白粉、颧骨没有这么高、嘴唇也没有这么薄、而且终日坐着、我也从没有见过这圆规式的姿势。那时人说：因为伊、这豆腐店的买卖非常好。但这大约因为年龄的关系、我却并未蒙着一毫感化、所以竟完全忘却了。……〝忘了？这真是贵人眼高……〟〝那有这事……我……〟我惶恐着、站起来说」。

11 『故郷』、「我素不知道天下有这许多新鲜事：海边有如许五色的贝壳；西瓜有这样危险的经历、我先前单知道他在水果店里出卖罢了。……阿！闰土的心里有无穷无尽的稀奇的事、都是我往常的朋友所不知道的。他们不知道一些事、闰土在海边时、他们都和我一样只看见院子里高墙上的四角的天空」。

12 『故郷』、「现在我的母亲提起了他、我这儿时的记忆、忽而全都闪电似的苏生过来、似乎看到了我的美丽的故乡了」。

13 『野草』所収、「雪」、「暖国的雨、向来没有变过冰冷的坚硬的灿烂的雪花。……江南的雪、可是滋润美艳之至了；那是还在隐约着的青春的消息、是极壮健的处子的皮肤。雪野中有血红的宝珠山茶、白中隐青的单瓣梅花、深黄的磬口的腊梅花；雪下面还有冷绿的杂草。胡蝶确乎没有；蜜蜂是否来采山茶花和梅花的蜜、我可记不真切了。但我的眼前仿佛看见冬花开在雪野中、有许多蜜蜂们忙碌地飞着、也听得他们嗡嗡地闹着」。

14 『野草』所収、「雪」、「但是、朔方的雪花在纷飞之后、却永远如粉、如沙、他们决不粘连、撒在屋上、地上、枯草上、就是这样。……是的、那是孤独的雪、是死掉的雨、是雨的精魂」。

15 『野草』所収、「风筝」、「北京的冬季、地上还有积雪、灰黑色的秃树枝丫叉于晴朗的天空中、而远处有一二风筝浮动、在我是一种惊异和悲哀。故乡的风筝时节、是春二月、倘听到沙沙的风轮声、仰头便能看见一个淡墨色的蟹风筝或嫩蓝色的蜈蚣风筝。还有寂寞的瓦片风筝、没有风轮、又放得很低、伶仃地显出憔悴可怜的模样。但此时地上的杨柳已经发芽、早的山桃也多吐蕾、和孩子们的天上的点缀相照应、打成一片春日的温和。我现在在哪里呢？四面都还是严冬的肃杀、而久经诀别的故乡的久经逝去的春天、却就在这天空中荡漾了」。

16 『朝花夕拾』所収、「五猖会」、「要到东关看五猖会去了。这是我儿时所罕逢的一件盛事、因为那会是全县中最盛的会、东关又是离我家很远的地方、……因为东关离城远、大清早大家就起来。昨夜预定好的三道明瓦窗的大船、已经泊在河埠头、船椅、饭菜、茶炊、点心盒子、都在陆续搬下去了。我笑着跳着、催他们要搬得快。忽然、工人的脸色很谨肃了、我知道有些蹊跷、四面一看、父亲就站在我背后。〝去拿你的书来。〟他慢慢地说。……〝给我读熟。背不出、就不准去看会。〟他说完、便站起来、走进房里去了。……他们都等候着;太阳也升得更高了。我忽然似乎已经很有把握、便即站了起来、拿书走进父亲的书房、一气背将下去、梦似的就背完了。〝不错。去罢。〟父亲点着头、说。大家同时活动起来、脸上都露出笑容、向河埠走去。工人将我高高地抱起、仿佛在祝贺我的成功一般、快步走在最前头。我却并没有他们那么高兴。开船以后、水路中的风景、盒子里的点心、以及到了东关的五猖会的热闹、对于我似乎都没有什么大意思。直到现在、别的完全忘却、不留一点痕迹了、只有背诵《鉴略》这一段、却还分明如昨日事。我至今一想起、还诧异我的父亲何以要在那时候叫我来背书」。

17 『朝花夕拾』所収、「阿长与《山海经》」、「长妈妈、已经说过、是一个一向带领着我的女工、说得阔气一点、就是我的保姆。我的母亲和许多别的人都这样称呼她、似乎略带些客气的意思。只有祖母叫她阿长。我平时叫她〝阿妈〟、连〝长〟字也不带;但到憎恶她的时候、——例如知道了谋死我那隐鼠的却是她的时候、就叫她阿长。……虽然背地里说人长短不是好事情、但倘使要我说句真心话、我可只得说:我实在不大佩服她。最讨厌的是常喜欢切切察察、向人们低声絮说些什么事。还竖起第二个手指、在空中上下摇动、或者点着对手或自己的鼻尖。……但当我哀悼隐鼠、给它复仇的时候、一面又在渴慕着绘图的《山海经》了。……〝哥儿、有画儿的'三哼经'、我给你买来了!〟……这又使我发生新的敬意了、别人不肯做、或不能做的事、她却能够做成功。她确有伟大的神力。谋害隐鼠的怨恨、从此完全消灭了。……我的保姆、长妈妈即阿长、辞了这人世、大概也有了三十年了罢。我终于不知道她的姓名、她的经历、仅知道有一个过继的儿子、她大约是青年守寡的孤孀。仁厚黑暗的地母呵、愿在你怀里永安她的魂灵!」。

18 『朝花夕拾』所収、「无常」、「凡有一处地方、如果出了文士学者或名流、他将笔头一扭、就很容易变成〝模范县〟。我的故乡、在汉末虽曾经虞仲翔先生揄扬过、但是那究竟太早了、后来到底免不了产生所谓〝绍兴师爷〟、不过也并非男女老小全是〝绍兴师爷〟、别的〝下等人〟也不少。这些〝下等人〟、要他们发什么……那样热昏似的妙语、是办不到的、可是在无意中、看得住这〃荫在薄雾的里面的目的地〃的道路很明白：求婚、结婚、养孩子、死亡。但这自然是专就我的故乡而言、若是〃模范县〃里的人民、那当然又作别论。……我至今还确凿记得、在故乡时候、和〃下等人〃一同、常常这样高兴地正视过这鬼而人、理而情、可怖而可爱的无常；而且欣赏他脸上的哭或笑、口头的硬语与谐谈……」。

19 『野草』所収、「风筝」、「但我是向来不爱放风筝的、不但不爱、并且嫌恶他、因为我以为这是没出息孩子所做的玩艺。和我相反的是我的小兄弟、他那时大概十岁内外罢、多病、瘦得不堪、然而最喜欢风筝、自己买不起、我又不许放、……有一天、我忽然想起、……我恍然大悟似的、便跑向少有人去的一间堆积杂物的小屋去、推开门、果然就在尘封的什物堆中发见了他。……我在破获秘密的满足中、又很愤怒他的瞒了我的眼睛、这样苦心孤诣地来偷做没出息孩子的玩艺。我即刻伸手折断了胡蝶的一支翅骨、又将风轮掷在地下、踏扁了。论长幼、论力气、他是都敌不过我的、我当然得到完全的胜利、于是傲然走出、留他绝望地站在小屋里。后来他怎样、我不知道、也没有留心。然而我的惩罚终于轮到了、在我们离别得很久之后、我已经是中年。我不幸偶而看了一本外国的讲论儿童的书、才知道游戏是儿童最正当的行为、玩具是儿童的天使。于是二十年来毫不忆及的幼小时候对于精神的虐杀的这一幕、忽地在眼前展开、而我的心也仿佛同时变了铅块、很重很重的堕下去了。……我也知道补过的方法的：送他风筝、赞成他放、劝他放、我和他一同放。我们嚷着、跑着、笑着。——然而他其时已经和我一样、早已有了胡子了。我也知道还有一个补过的方法的：去讨他的宽恕、等他说、〃我可是毫不怪你呵。〃那么、我的心一定就轻松了、……现在、故乡的春天又在这异地的空中了、既给我久经逝去的儿时的回忆、而一并也带着无可把握的悲哀」。

20 『朝花夕拾』所収、「小引」、「我有一时、曾经屡次忆起儿时在故乡所吃的蔬果：菱角、罗汉豆、茭白、香瓜。凡这些、都是极其鲜美可口的；都曾是使我思乡的蛊惑。后来、我在久别之后尝到了、也不过如此；惟独在记忆上、还有旧来的意味留存。他们也许要哄骗我一生、使我时时反顾」。

21 『呐喊』所収、「村社戏」、「我在倒数上去的二十年中、只看过两回中国戏、前十年是绝不看、因为没有看戏的意思和机会、那两回全在后十年、然而都没有看出什么来就走了。……因为我确记得在野外看过很好的好戏、到北京以后的连进两回戏园去、也许还是受了那时的影响哩。……至于我看好戏的时候、却实在已经是〃远哉遥遥〃的了、其时恐怕我还不过十一二岁。……然而我的意思却也并不在乎看翻筋斗。我最愿意看的是一个人蒙了白布、两手在头上捧着一支棒似的蛇头的蛇精、其次是套了黄布衣跳老虎。但是等了许多时都不见、小旦虽然进去了、立刻又出来了一个很老的小生。我有些疲倦了、托桂生买豆浆去。……支撑着仍然看、也说不出见了些什么、只觉得戏子的脸都渐渐的有些稀奇了、那五官渐不明显、似乎融成一片的再没有什么高低。年纪小的几个多打呵欠了、大的也各管自己谈话。忽而一个红衫的小丑被绑在台柱子上、给一个花白胡子的用马鞭打起来了、大家才又振作精神的笑着看。在这一夜里、我以为这实在要算是最好的一折。……也不再看到那夜似的好戏了」。

22　中井政喜「一九二六年二七年における魯迅の民衆像と知識人像についてのノート（上）——魯迅の民衆像・知識人像覚え書（二）」（『名古屋外国語大学外国語学部紀要』三九、二〇一〇年八月）

III　イーディス・ウォートンの『無垢の時代』に見るノスタルジー

田島優子

はじめに

アメリカ文学の伝統の中に「ノスタルジー」を位置づけることの難しさは、過去を理想化するこの保守的な情操が、アメリカ文学史上では悪名高い「センチメンタリズム」[*1]を想起させることにあると言えるかもしれない。全米で爆発的なベストセラーを記録したにもかかわらず、文学史的な観点からは「センチメンタル」で「低俗」だと見做され、授業で扱われることのなかった小説として、マーガレット・ミッチェルの『風とともに去りぬ』やライマン・フランク・ボームの『オズの魔法使い』を挙げる大井浩二は、大衆読者がこれらの作品を好んだ要因として、アメリカ独立革命以来の共和主義へのノスタルジーを見出している。そして一方、批評家の中には、感傷的な田園主義のような「古き良きアメリカへの郷愁を、センチメンタリズムの発露として斥ける」向きがあったのだと指摘する。[*2]

その上で興味深く思えるのは、古き良き時代のアメリカへのノスタルジーをそのテーマに据えるとされてきたイーディス・ウォートンの『無垢の時代』[*3]が、純文学的な観点から「傑作」であるとされ、それと同時に「売れた」作品だったという事実である。一九二〇年に出版されたこの作品は、ニューヨーク社交界を皮肉った作品であるにもかかわらずベストセラーとなり、出版翌年にはピューリッツァー賞を受賞している。一九九三年にマーティン・スコセッシ監督による映画化もなされ、これを契機に次第に日本でも知られるようになった。『無垢の時代』が当時の読者に愛好されたことは、一つには、この作品のノスタルジーの持つ感傷的な要素がこれに寄与したと言えるだろう。[*4]例えばこの作品は、主人公のニューランド・アーチャーが、妻亡きあと二十六年ぶりに恋人のエレン・オレンスカと再会できる場を用意されていながら、過去の美しい想い出を保存すべく彼女に会わないことを選択するというノスタルジックな場面で幕を下ろす。また、作品が舞台とする十九世紀末は、ニューヨークの上流階級が新興成金階級によって駆逐されていく時代であり、『無垢の時代』は「失われていく規範的社会への郷愁を秘めている」ともされてきた。[*5]今林が本書の「序章」でも紹介しているフレッド・デーヴィスは、『ノスタルジーの社会学』というノスタルジー研究の古典となる批評書において、不運な歴史的事件や社会変化が起こったとき、社会の「集合的アイデンティティー」が脅威にさらされ、人々は失われた連続性の回復を求めてノスタルジーを求めると論じているが、[*6]そのように考えれば、第一次世界大戦直後のアメリカにおいて、『無垢の時代』がベストセラーとなったことも驚くべきことでは無いと言えるだろう。悲恋物語としての登場人物の個人的なレベルにおいても、既に失われたオールド・ニューヨークの追想という社会的レベルにおいても、本作品はノスタルジーを喚起するものであり、その感傷性が多くの読者にとって魅力的であったと考えられる。

ただし、ウォートンの作品がノスタルジーという「センチメンタル」な手法を用いながらも、他のセンチメンタルとされる作品と一線を画すのは、古き良き時代のアメリカへの郷愁の中に、この作者が批判的な視線をも描きこんでいることにある。視点人物であるニューランド・アーチャーの目を通してみるオールド・ニューヨークは、二十六年が経過した最終章を除けば、大部分が批判的に描かれている。しかし最終章で、失われていくオールド・ニューヨークへの愛惜がこれほど美しく描写されうるのは、この規範的社会が、恋人エレンの体現する旧大陸ヨーロッパと、息子ダグラスが体現する新しいアメリカ社会との二つの視点から相対化されており、そしてアナクロニスティックに描かれる故郷が、そのように合理的・客観的に相対化された上でも、やはり憧憬を感じずにはいられないものとして呈示されているからなのである。『無垢の時代』は失われる規範的アメリカ社会への哀歌であり、ニューランド・アーチャーが最終章で抱くことになるオールド・ニューヨークへのノスタルジーは、かつて彼が狭量で堅苦しく、耐えがたいと感じていたこの故郷を、最後には受容しえたことの証左として機能するのである。

本作品に見られるノスタルジーはアーチャー個人によるものだけではなく、複層的に描かれている。「序章」における今林によるノスタルジーの概念整理に当てはめるならば、まず本作品においてノスタルジーを喚起するのは「歴史的／文化的空間」としての一八七〇年代のオールド・ニューヨークの「消滅／変貌」である。これに加えて、この社交界はヨーロッパと比較して描かれるため（最終章でアーチャーがオールド・ニューヨークを懐かしむとき、舞台は遠く離れたパリに据えられている）、「地理的空間」としてのニューヨークもノスタルジーを喚起するものとして挙げられる。また、ウォートンもこの例に漏れず、小説が読者に受け入れられるようにするために「センチメンタル」な手法を用いた作家は特に大衆小説では少なくなかったが、こうして喚起されるのは、「操作的ノスタルジー」であると言える。しかしながら興味深いのは、ウォートンはそうした読者に好まれるような「操作的」ノスタルジーの裏側に、文学的にシリアスな「自発的」ノスタルジーを巧みに描きこんでいるように思われるという点である。「操作的」でありながらも、「自発的」に喚起されるノスタルジーへと接続していくような豊かさを本作品は持っているように思える。[*7]

以上のように、本稿はアメリカ文学におけるノスタルジーを扱った代表的な作品として、イーディス・ウォートンの『無垢の時代』を俎上に載せ、そこに描かれるノスタルジーの複雑性を検証することを通して、主人公ニューランド・アーチャーの葛藤や精神的な成熟を読み取ることを試みるものである。

1　変貌するオールド・ニューヨーク

『無垢の時代』は、南北戦争後にあたる一八七〇年代の古き良き時代のニューヨークの社交界を舞台とする。この時代のアメリカは、戦後の復興景気の中、豊富な天然資源と西部という市場に恵まれて工業技術が急激に進歩し、一八六九年には大陸横断鉄道が完成、ロックフェラーをはじめとする資産家が現れた時代である。しかし活気に満ちている一方で、貧富の差が拡大し、金銭万能の風潮が広まり、政治・経済の腐敗を生んだ時代でもあることから、この時代が「金メッキ時代」と呼ばれたのは良く知られている。そうした中、変貌する時代の影響を受けずに最初の植民地時代の貴族の直系の子孫にあたる人々が築いたこじんまりした上品な世界がオールド・ニューヨークと呼ばれる上流社会を形成し、一八六〇年代には勢力を占めるようになっていたのだという。[*8]

本論に入るにあたって、まずは『無垢の時代』のあらすじを簡単に確認しておきたい。オールド・ニューヨークの上流階級に属する本作の主人公、ニューランド・アーチャーは、金髪碧眼の純潔な女性、メイ・ウェランドと婚約するが、ちょうどその頃、メイのいとこでありフランスの伯爵と結婚したエレン・オレンスカが、結婚生活の破綻を契機として夫の元を離れ、単身ニューヨークに現れる。エレンが伯爵の秘書と恋仲にあったという噂はもとより、夫の元を離れて暮らしているという事実自体を受け入れ難く感じるニューヨーク社交界は、彼女を表面上は歓迎するものの、密かな非難の的とする。しかし、このように「不快」なものから目を背けるオールド・ニューヨークを窮屈に感じているアーチャーの目には、因習的な規範にとらわれない経験豊富なエレンは魅力的に映り、彼女に惹かれるようになっていく。

アーチャーとエレンは互いに愛し合っていることが明らかとなり、アーチャーはメイとの結婚を取りやめるとエレンに申し出たり、結婚後は離婚しようとしたりもする。だがエレンはそんなことを彼がメイの前で言えるはずがないし、自分を歓迎してくれた人たちを裏切ることはできないとしてこれを退け、アーチャーはメイと一緒にいるべきだと言う。アーチャーはメイと結婚するもののエレンのことを忘れられず、強い苦悩を抱えたまま新婚の日々を過ごすことになる。またエレンも、アーチャーの側にいたいという想いから夫のもとへは戻らず、アメリカに留まり続ける。しかし、メイに子供を妊娠したことを告げられると、エレンはフランスへと帰っていってしまう。
二十六年後、既にメイに先立たれ、五十七歳となったアーチャーは、息子ダラスに付き添ってフランスを訪れる。父親がエレンと知り合いであることを知り、彼女と連絡を取り合ったダラスは、父親を彼女に引き合わせようとする。アーチャーはダラスとともにエレンの家の階下までやってくるが、自分を「古風」だと呼ぶ彼は、息子に一人で上がっていくように言い、自分は後で行くと告げる。アーチャーはベンチに座ってエレンの家の窓を長いこと見つめ続けるが、やがて彼女の家の召使が雨戸を下ろすと立ち上がり、エレンに会うこともないまま一人でホテルへと立ち去っていくのであった。

本節ではまず、作品の大部分が舞台としている一八七〇年代のオールド・ニューヨークの因習的社会が、青年アーチャーの視線を通してどのように描写されているかを検証する。『無垢の時代』の物語は、上流階級の人々がニューヨークに古くからある音楽院に集い、オペラを鑑賞している場面で幕を開ける。

> すでに「四〇丁目より北」の遠く離れたところに、費用の点でも華麗さの面でもヨーロッパの首都のものに引けを取らない、新しい歌劇場の建設が噂されてはいたが、社交界の人々は未だに冬になると、親しんできた古い音楽院の赤と金の古びた桟敷に満足して集まってくるのだった。保守的な人々は、この劇場の狭さと不便さを大事にしていた。というのも、そのためにニューヨークが脅威を感じるとともに惹かれ始めていた「新興成り金たち」を締め出せたからである。感傷的な人々はそれが感じさせる歴史のため、また音楽好きは音楽会用の建物ではいつも問題になる優れた音響のために、この音楽院に愛着を感じていた。[*9]（三、強調は引用者）

傍点を付した箇所からも分かるように、古くからの上流階級の家系に生まれた人々は、「新興成り金たち」がもたらす新しい文化に魅了される一方で、こうした人々から自分たちを差別化しておかなければならないのであり、「四〇丁目より北」[*10]に建設される華麗で新しい歌劇場ではなく、ニューヨークの伝統を象徴する古くからの音楽院に執着する。この冒頭部分でもあらかじめ示されているように、『無垢の時代』は、規律を遵守する上流階級の人々によって形成されてきた非常に規範的で保守的社会が、戦後の復興景気によって台頭してきた新興成り金階級によって次第に突き崩されていく過程をその背景に描く。上流階級の人々は、同じく第一章で示唆されるように、服装については作法の権威であるローレンス・レファーツが、家系についてはその権威であるシラトン・ジャクソンがそれぞれ好ましいとするような社会規範を全面的に受け入れ、忠実に従ってきたわけだが、近年になって社交界に紹介された成り金のジュリアス・ボーフォートを筆頭とする人々は、舞踏会といった新しい楽しみをニューヨークに提供してくれる存在である一方で、その規範を徐々に崩壊させてしまう脅威と見做されている。

こうした社会の変化に対する人々の違和感や不安を最もよく体現するのは、ニューランド・アーチャーの母親、アーチャー夫人の反応である。

……いつも決まって「社交シーズン」になると、アーチャー夫人はニューヨークはとても変わってしまったというのだった。

……彼女はその表面にできた新しいひび割れの一つ一つと、整然と整えられている社交界の野菜の畝の間に顔を出している、すべての奇妙な雑草を辿ることができた。……アーチャー夫人にとって、ニューヨークは悪い方に変わる以外、変わりようがなかった。(一五五)

こうした社会変化を、夫人は「加速する『傾向』」(一五七)と呼ぶが、この顕著な一例として挙げられるのが、ニューヨークの人々の服装である。身に着ける服装が贅沢になり、人々は毎年違う服を取り寄せるようになった。かつてはヨーロッパから届いた服をすぐに着るのは品がなく、二年ほど置いておくべきだとされていたが、そうではなくなってきたと女性たちは口々に言う。

アーチャー夫人は、婦人たちが、パリ仕立ての服を、彼女の同時代の人達のように、鍵をかけてしまうことで熟成させるかわりに、税関を通過するやいなやみせびらかし始める時代に生きるのは、少しもうらやむべきことではないというように、ため息をついた。(一五六)

夫人は、「私はあなた[メイ]の従姉のオレンスカ夫人を心から許すことは出来ないの。ストラーザーズ夫人を最初に認めたのはあの方なのですから」(一五七)と付け加えて、ボーフォートやストラーザーズ夫人といった社交界に新たに紹介された人々が、オールド・ニューヨークの伝統を変えてしまうのを嘆くのである。

こうしたアーチャー夫人やジャクソン嬢の会話は、フレッド・デーヴィスの言うようなノスタルジーを思わせるものがある。『無垢の時代』のノスタルジーが最も顕著に描かれるのは二十六年後、すなわち一八九〇年代末を描いた最終章であり、まだオールド・ニューヨークが完全には過去のものとなっていない時点での上記の会話では過去を懐かしむという要素はそれほど強くはない。だが、このアーチャー夫人の古き良き時代への愛着の表明は、少なくとも過去を美化するものであり、本作品のノスタルジーの下地を成すものである。またこれは、過去を純粋に良いものとし、現在の状況を嘆くという点において、デーヴィスの言うような「単純なノスタルジー」を想起させる。『ノスタルジーの社会学』において、デーヴィスはノスタルジーには三つの段階があると指摘する。第一段階の「単純なノスタルジー」は主観的に「あの頃はよかった」と信じて美化するような精神状態、第二段階の「内省的ノスタルジー」は、単純に過去を美化するだけでなく、同時に批判的視点を持っている精神状態、第三段階の「解釈されたノスタルジー」はノスタルジックな情操に対して一定の距離を保ってこれを対象化しようとし、分析的な問いを持とうとする精神状態であるのだという。[*11] この場面において、ニューランドが時代が変わりつつあることを認めつつも、それを特に悲観することなく客観的な立場を維持するのは、一つには、彼が母親たちのノスタルジーの「単純さ」を見取っているからだとも言えるだろう。

ただし、デーヴィスは第一段階の「単純なノスタルジー」を必ずしも第二、第三段階より「劣ったもの」と見做すわけではなく、ノスタルジーを抱くことの効果について論じてもいる。このアーチャー夫人たちのノスタルジー、あるいはもっと一般化するならば、古くからの価値基準に基づいて生きてきたオールド・ニューヨークの人々が共通して抱くこうした新しい時代への不満と古い時代への思慕は、デーヴィスが呼ぶところの「集合的ノスタルジー」に当てはまる。[*12] デーヴィスは、歴史的事件や突然の社会変化が起こったとき、人は過去との連続性の感覚を失い、アイデンティティーの危機に直面するが、ノスタルジーはそうした未来への不安に対して手を差し伸べるのだとする。

「ノスタルジー」は、公共的領域でアイデンティティーを揺るがすような変化が起こった結果生じた、否定的感情と漠然とした不満をいくらか排出させ……、「昔はこんなふうだった」とか、後からやってきた人々のせいでいかに「悪く」なってしまったことかといった、記憶の共有と自己満悦的な情操というもっと私的な領域へと、それらを流し込んでくれるのである。(一一〇)

デーヴィスが主張するように、一見すると「過去」へと向かう保守的な感情であるノスタルジーには、変わりゆく「現在」にいかに対応するかという、それなりの積極的な意味と効果を見出すこともできると言えるだろう。

そのように考えるならば、母親のアーチャー夫人や他の女性たちとは対照的に、主人公のニューランド・アーチャーがこの場面であまりノスタルジーを感じていないように見えるということは注目に値する。アーチャーについては、「彼自身、ニューヨークは実際に変わってしまったとは言えないまでも、間違いなく変わりつつあることを認めざるをえなかった」（一五五）と述べられるに留まる。ここでアーチャーは、客観的な姿勢を維持しながら、ニューヨークが「変化しつつある」という事実について認めているだけで、それについて嘆くといった様子は見せず、女性たちの嘆きを黙って聞いているだけである。もちろん、この章に限らずとも感傷的に描かれがちなのは女性たちであり、この場面に居合わせるもう一人の男性、シラトン・ジャクソンも、社会変化に悲観的になる様子は見せていないことを考えれば、アーチャーがこの場面であからさまなノスタルジーを感じないことは一見すると不思議なことではないかもしれない。しかしながら、アーチャーが時代の変化を静観していることは、シラトン・ジャクソンがそうすることとは異なる意味合いを帯びている。母親たちの会話を聞きながら、アーチャーは次のように考えている。

> このようにして、ニューヨークは変化に巧みに対処するのだ、とアーチャーは考えた。変化が終わるまでは、共謀してそれを無視し、それから、心底から、その変化は前の時代に起こったのだと想像するのだ。この砦にはいつだって裏切り者がいる。彼（普通は彼女だが）が鍵を渡してしまったら、それが難攻不落だなどと偽っても、なんの役に立つだろう？（一五七、強調は引用者）

ここでアーチャーは、一見すると母親のアーチャー夫人たちと同様に社会がいかに変わりやすいかについて思いを巡らせているようにも見えるが、しかしそれ以上に彼の思考に特徴的なのは傍点部の引用箇所である。彼は、人々が始めは自分たちの規範から逸脱するような新しいものを「共謀して」無視しておきながら、それがいったん社会に受け入れられてしまえばその恩恵を享受するということを皮肉っている。次節で詳述することになるが、アーチャーは、ニューヨークが変わってしまったかどうかということと、それを嘆かわしいとするかどうかという主題よりも、むしろそうした因習的な姿勢をとる社交界の人々に対する批判的な意識に強く囚われている。デーヴィスが指摘するように、ノスタルジーとは過去に対する肯定的な感情なのであり、[*13] 因習的な社会のイデオロギーを嫌悪せずにいられないアーチャーは、ノスタルジックにならないというよりも、なりえないのである。

2　トラウマとしての空間

社交界に対するニューランド・アーチャーの批判は作品の大部分に渡って語られるが、それではアーチャーが嫌悪する社会規範とは、どのようなものなのか。主人公であり視点人物でもあるアーチャーの目線を通して語られるオールド・ニューヨークの人々は、非常に高潔で、善良で、純粋無垢な一方で、型どおりで退屈であり、社会規律から逸脱する人物に対しては不寛容な人々として描写される。この規範は強固なものであり、ヴァン・ダー・ライデン家をはじめとする古くからの貴族階級の家系や、シラトン・ジャクソンやローレンス・レファーツのような権威ある人物が容認するものが「好ましい」とされる。作品の第一章で、夫のもとを離れてニューヨークに戻ってきたエレン・オレンスカが、社交の場にふさわしいと思われない服を身に着けて公の場に現れたとき、人々は自分自身でこれを評価する前に、ジャクソンやレファーツのような権威ある人物が彼女をどう見るかをまずは知ろうとする（七一八）。北から南まですべて番号が振られたこの都市の通りの比喩で語られるこの社会は（五九）、アーチャーからすれば「単純」である。「僕たちは、手のつけようがないほど、退屈です。個性もないし、特色もないし、多様でもありません」（二四六―四七）という彼の言葉が示唆するように、伝統に盲目的に従う人々は結果として次第に互いに似通っていき、同化していく印象がある。社交界の最上位に君臨するヴァン・ダー・ライデン夫妻が、容姿も表情も言葉遣いも、互いに瓜二つであるということはこれを象徴するかのようである。またアーチャーが一緒に暮らしている母親と妹のジェニーについても、彼が思うには生来の精神的な側面ではそれほど似ていないにも関わらず、互いに依存しあって暮らす中で、同じ語彙を使い、趣味も関心も一点の曇りもなく一致するようになっていたとされる（二二一―二三）。「しわのない丸々とした年配の女性たちの顔を子細に眺めたアーチャーは、彼らの顔が［エレン］に比べると、奇妙に未成熟だということに気がついた」（四十）と述べられるが、オールド・ニューヨークの上流階級の女性たちは、みな同じ「高潔」、「純潔」、「無垢」、「未成熟」という特徴を共有しており、これも規範が人々を同化させ、「複製」（一四六）にすぎないものにしてしまうことを示唆するかのようである。

規範によってオールド・ニューヨークの人々が同化していくことの問題は、彼らが使う言葉の問題へと敷衍される。アーチャーは、上流階級の人々の言葉を陳腐であると感じているが、確かに人々の言葉は、「陳腐さ」以上のネガティブな側面を持つ。アーチャーがこの社会に閉塞感を感じるのは、均質化された言葉が人々の会話を空疎にしてしまうこと、不都合な表現を徹底して避ける人々のその人格までをも冷酷にしてしまうことにある。人々がエレンのことを話題に出すときに決まって彼女の名前の前につける「気の毒な」という言葉は、この端的な例となる。人々は夫の暴力にさらされるエレンに対して純粋に同情してこの言葉を使うわけではない。むしろ、噂されるところの彼女の身持ちの悪さや、規範を気に留めない自由な生き方を非難したく思う一方で、そうした内心の不快感を（互いに共有しながらも）表面化せずに、「同情」するかのように語ることを可能にするのが、この「気の毒」という言葉なのである。「不快」という言葉もこれに類似する。既婚者の隠れた情事や、成り金による不法な投機など、社会規範から逸脱する行為に言及する際には人々は一様にこの表現を用いて、それ以上の直接的な批判をするのを避けるが、この言葉は、社会にとって都合の悪いものについて個人が判断し、対処する必要性を覆い隠すのであり、いわば、発言する側を「善良」なままにしておくための装置に他ならない。「えぇ、［人々が助けようとしてくれていることは］よく分かっております。でも、不快なことは何一つ聞かないという条件でなの。……アーチャーさん、ここではどなたも真実をお知りになりたくないのですか」（五〇）というエレンの発言は、このことを示唆すると言えるだろう。[*14]

アーチャーが規範のもたらす空虚さに苦しむのは、他ならぬ彼の妻となるメイ・ウェランド（結婚後はメイ・アーチャー）が、これを最もよく体現する女性であるからだと言えるだろう。「古い伝統や崇拝の守護神」（一一九）である金髪碧眼のメイは、アーチャーの視線を受けると赤面するような純粋な女性であり、アメリカの無垢、純潔、未経験を思わせるフェア・レディーのイメージを付与されている。しかし、その清らかさは「人工的な純潔」（三〇）なのだとアーチャーが考えるように、不快なことを口にしない淑女としての彼女の上品さと慎ましさは社会規範を深く内面化した産物である。メイは「スパルタ的な微笑みの影に想像上の傷を隠すように躾けられて」おり（二七六）、アーチャーに対して一言も不満をもらすことがない。彼は、「一体いくつになったら『育ちのいい』女性は自分の判断でものを言うようになるのだろうか」と考えるが（五二）、「彼女の視点」は、「彼がその中で育ってきた人々の視点」と「いつも同じ」であり（一二三）、「自分はあの背後にある考えをいつだって知っていて、これから先何年たっても……［新しい考えや感情で］自分を驚かすことはないだろう」と考えて、失望せずにはいられない（一七七）。

アーチャーは、「メイにはこんな類いの無垢、精神を想像力に対して閉ざし、心を経験に対して閉ざすようなものは持って欲しくない」（九一）と考え、「僕たちは同じ折り紙を切り抜いて作った人形みたいに、皆お互いにそっくりなんだ。ちょうど、壁に切り抜き型で刷り込まれた模様みたいなもの。どうして僕たち二人が自分たちの道を切り開いてはいけないのだろう、メイ？」（五三）と訴えるが、しかし時代の寵児であるメイは、淑女としての生き方を今更変えることなどできない。社会規範という「伝統と訓練が彼女をはめ込んでしまった型」（一九六）から外れることがなく、どんなことにも「母親から受け継いだ」「しっかりとした明るい口調」（一六一）で対処するメイは、彼に対して不満を言うことがない。そして「今や、彼女［メイ］はただ彼女の母の丸写しに成熟しつつあり、不思議なことに、その過程で、彼［アーチャー］をウェランド氏［メイの父親］のような人物に変えようとしているのだ」（一七七）とアーチャーは気が付くのだった。

このように、アーチャーは規範の裏側に「真の自己」を隠し、表層的な会話しかできないオールド・ニューヨークの社交会、あるいはその一例にすぎないメイとの結婚生活を耐えがたく感じるようになるが、そもそも彼がこのような視点を得るようになったのには、エレン・オレンスカとの出会いによる影響が大きいと言える。本作品においてヨーロッパの経験と成熟と堕落とを象徴するダーク・レディ像を担うエレンは、そこに長年生きてきた社交界の人々にとっては絶対のものであるオールド・ニューヨークの社会規範を相対化してしまう。エレンはニューヨークの上流階級の人々の慣習を気に留めることなく、人々から見ると変わった服装をし、「上品ではない」と思われている地域に建てられた風変わりな家に住み、社交界の人々からは煙たがられているような人たちと交友を持つ。

こうした因習に囚われない生き方は、エレンが使う言葉や、発言に関しても同じことが言える。エレンが、社交界の権威であり誰もが崇拝するヴァン・ダー・ライデン夫妻のことを「退屈」（四一）で「陰気」（四七）であると言いえてしまうこと、夫妻に影響力があるのは、むしろごく稀にしか人前に出てこないことに理由があるのではないかと（四八）、本質を突いてしまうことは示唆的であると言えるだろう。彼女は、規範に盲目的に従う社交界の人たちのような紋切り型の言葉ではなく、自分自身の言葉で語る。彼女が通例予想されるような驚きや喜びの感情を見せないことにアーチャーが時には戸惑ってしまうほどに、エレンは決まり切った反応をすることがない。このことは、メイがアーチャーの視線を受けると赤面し、結婚の話が出れば淑女らしい戸惑いを見せて、常に伝統的なオールド・ニューヨークの娘として振舞ってみせることとは明らかな対照をなしていると言えるだろう。アーチャーは、規範の中で生きる個性の無い、空疎な会話しか成り立たない社交界に息苦しさを感じる中で、友人のネッド・ウィンセットや、ロンドンで出会うリヴィエール氏との会話に救いと楽しみを見出すが、彼らは教養や知的好奇心や独自の思考を持ち、貧しくても精神的に豊かな人生を送っている。「良い会話、これに勝るものがあるでしょうか」(一二二)というリヴィエール氏の言葉は、オールド・ニューヨークの会話を空疎だと感じているアーチャーにとっては、切実な響きを持つ。アーチャーが自身自身の思考と言葉で語るエレンに惹かれるのは、社会やメイとの結婚生活の空虚さに対する彼の不満と、裏表の関係にあるのである。エレンを目の前にすると、アーチャーはむしろ自分の言葉が陳腐であると感じずにはいられないのであり(四七、一八五)、彼が、「不快な」という、作中では表層的な意味合いを持たされている言葉をエレンの前ではあまり使わないように見えるのは、偶然ではないだろう。

　このように、エレンの目を通して改めてオールド・ニューヨークを眺め、これを窮屈に感じずにはいられなくなった青年アーチャーは、この社会に対してノスタルジーを感じることを可能にするだけの「肯定的な」感情を抱くことができない。それどころか、メイと別れてエレンと一緒になることはもちろんのこと、エレンがパリへと帰ってしまう前に一度だけ二人きりで会うという望みさえ失ったとき、自分たちの関係を無言のうちに阻むこの社会は、アーチャーにとってはトラウマを引き起こす空間へと成り代わっている。エレンを送りだすための晩餐会で、アーチャーはもはやニューヨークの人々の中に無言の悪意と冷酷さを読み取らずにはいられない。

彼は、メイの野鴨料理を食べているこれらの無害に見える人々が、無言の共謀者の一団であり、自分と［エレン］が彼らの共謀の中心なのだということが分かった。そして彼は……この人たちは、自分とオレンスカ夫人は愛人関係にあるのだと考えているのだということが分かった……。何か月もの間、彼自身が、無言の内に見張っている無数の目と、辛抱強く聞き耳を立てている耳の中心だったことが、推察できた。まだ彼には分かっていない手段で、彼と彼の共謀者［エレン］を引き裂くことが達成され、今や、全部族が、誰も何も知らないし、何も想像したこともなく、このもてなしは、純粋にメイ・アーチャーが友達であり従姉である人を愛情をこめて送りたいという自然な気持ちの発露なのだという無言の想定のもとに、彼の妻を囲んで集まっているのだ。

これが、「血を流さずに」命を奪う、オールド・ニューヨークのやり方なのだ。醜聞を疫病よりも恐れ、勇気よりも上品さを高く評価し、騒ぎの原因になった人たちの行為を別にすれば、「騒ぎを起こす」ことほど育ちの悪いことはないと考えている人達のやり方なのだ。（二〇〇－二〇一）

オールド・ニューヨークの人々の在り方についてのアーチャーの分析は、この物語の全体に通じるような一定の正しさがあるとは思われる。しかし、アーチャーの心境を語るこの自由間接話法の語りを見る際に、アーチャーが視点人物としての冷静さと客観性を失っていることは見落としてはならないだろう。この直後に、成り金で愛人を抱えるとされるボーフォートが破産したことについて人々が話すのを耳にしながら、アーチャーはそれを自分への当てつけに違いないと考えるし、食後にくつろぐ人々がとりとめのない会話をしながら彼に親しげな態度を取ると、今度はそれを「看守が捕虜の捕らわれの状態を少しでも和らげようとしている」心理状態だと見做すのであり、その間ずっと、彼の中では「内面の悪魔の笑い」（二〇三）が反響し続けている。

この後、ローレンス・レファーツが、ボーフォートのような素性のはっきりしない外国人の成り上がり者を寛大に受け入れていれば、規範的社会は崩壊し、「この調子で物事が進めば……我々の子供たちがこの詐欺師の家への招待を求めて争い、ボーフォートの私生児と結婚するようなことになってしまうだろう」（二〇二–二〇三）とまくし立てるが、その場にいるほとんどの男性たちは、レファーツの予見するこの社会変化に不安の色を示す。一方で、オールド・ニューヨークの因習的な社会に疑問を感じ、ここまでに強い嫌悪感を抱くようになってしまったアーチャーが、古い社会への回帰を求める彼の発言に同調することがないのは当然であると言えるだろう。

こうした嫌悪感はアーチャーをひどく疲弊させ、この社会からも、それを体現するメイとの結婚生活からも今すぐ逃げ出したいと感じさせることになる。エレンと二人きりになれることはないまま、晩餐会の公の場で彼女を見送ったアーチャーは、その日の夜、メイに「ひどく疲れた」とこぼし、「僕は逃げ出したい」と話し始める。


「逃げ出す？ 法律の仕事をおやめになるの？」

「とにかく、出て行きたい――すぐにね。長い旅に――遠くへ行って――なにもかから逃れたいんだ――」

……「すべてのものから逃れたい――」と彼は繰り返した。

「そんなに遠くまで？ 例えばどんなところですの？」と彼女が訊ねた。

「おお、分からないよ。インドとか――日本とか」。（二〇五）

このように、陰湿で冷酷な暗黙の了解のうちに白分とエレンとを引き離すオールド・ニューヨークは、アーチャーにとってはもはやトラウマを引き起こす空間になっているのである。

しかしながら、先ほども示唆しておいたように、「この人たちの誰よりも多くの本を読み、より多く考え、はるかに広い世界を見てきた」と自負し、「知的、芸術的側面では、彼は自分がこれらのオールド・ニューヨークの上流階級の選ばれた人々より明らかに勝っている」（六）と信じている虚栄心の強い若者であるニューランド・アーチャーの視点は、実は全幅の信頼に値するものではないということは強調しておかなければならない。エレンは、「〔ニューヨークの〕この退屈さの陰に、高雅で、感じやすく、繊細な何かがあり、それと比較すると、あちら〔フランス〕での生活で私が一番大切にしていたものまで、安っぽく見せるものがある」（一四七）と述べるが、一方で青年アーチャーは、「単純」に見えるオールド・ニューヨークが持つ「繊細な何か」に、まだ気が付いてはいないのである。

3　青年アーチャーの抱く「幻想」

ニューランド・アーチャーが、自認するほどには成熟していないことを確認するにあたって注目しておきたいのは、オールド・ニューヨークの社交界とそこでの結婚生活に嫌悪感を抱く彼が、自分の目の前にある「現実」を、自分が生きている「現実」として捉えられなくなるという点である。挙式以降、アーチャーは自分の日常を墓場であるかのように描写しはじめるが、息苦しさに耐えられずに窓を開け、メイに「風邪をひいて死んでしまうわ」と言われたとき、アーチャーは「『僕はもう既に死んでいるんだ――何か月も、何か月も、死んでいるんだよ』と付け足したい衝動に駆られ」（一七八）る。そして、アーチャーは、「気分が不思議な逆転をしていること」に気がつく。

> ウェランド家の贅沢、どんな細かいことも正確に守るウェランド家の雰囲気の息苦しさ、その中には、彼の体内に麻薬のように忍び込む何かがあった。厚い絨毯、注意深い召使い、絶えず時間を意識させる規則正しい時

計、いつも新しくなっていく玄関の名刺と招待状の山……こういったものが、これほどには組織化されておらず、豊かではない生活を、非現実で不安定なものに思わせてきたものだった。しかし、今や非現実的で無関係になったのは、ウェランド家の家、彼がそこで生活を送ることを予期されている生活の方だった。彼が「エレンに声をかけるかどうか」こころを決めかねて土手の途中で立っていた、あの海辺での短い光景の方が、血管を流れる血液のように身近であった。（一三三、強調は引用者）

かつては「現実」であると感じられていた、メイや彼の属する秩序だった世界は、今では「非現実」に思えてしまうようになったとされる。「海辺での短い光景」とは、桟橋に立つエレンがこちらを振り返ってくれないかと思いながら、アーチャーが彼女を見つめる有名な場面のことであるが、今ではエレンのいる世界が、彼にとって「現実」となっていることが分かる。さらに、この「現実」と「非現実」の逆転した感覚は、アーチャーの中で強くなっていく。

「アーチャー」は、自分の内面に一種の聖域を作り、そこに彼女［エレン］は、彼の密やかな思考や憧れとともに君臨していた。少しずつ、そこが彼の現実の人生となり、彼の唯一の正気の生活の場になった。彼は読んだ書物、彼を豊かにしてくれる思想や感情、判断や幻想をそこへ持っていった。その外側、実生活の情景では、彼は、非現実性と不十分さの感覚が強まっていく中で、ちょうどぼんやりした人が、自室の家具にぶつかるように、親しんできた偏見や伝統的な見解に躓いた。（一五九、強調は引用者）

このように、アーチャーはエレンのことを考えるときに、自分の中に生命の輝きが戻り、生きているのだと感じるようになり、それを自分の「現実」だと見做すようになる。そしてメイとの結婚生活やそれが体現する因習的社会は、あまりに整然として、窮屈で、彼が思考することを許さない、「非現実」なのだと思うようになっていくのである。

アーチャーが現実を現実として受け入れられないことは、彼の葛藤と苦しみが非常に深いものであったことを示唆するが、それと同時に、現実から逃避するという点で、彼が未熟であり、ナイーヴであることを示すとも言えるだろう。あるいは、本稿の文脈において興味深いのは、このアーチャーの「幻想（理想）」と「現実」との乖離への認識が、ノスタルジーのそれと類似するという点にあるとも言える。つまり、ノスタルジーも「理想」としての過去と「現実」としての現在という二項対立を設定し、この両者の距離に着目するものであるが、先に論じたように、過去と現在に連続性を見出し、アイデンティティーを保持し、「現在」を生き抜こうとする情操であるとも言える。同じように理想を掲げる心理状態であるものの、ノスタルジーにはある種の積極性が認められることを思い出せば、アーチャーによる「幻想」と「現実」の逆転――「幻想」を自分の「現実」だと思い込もうとし、反対に目の前の「現実」を頑なに拒否して、現実を積極的に生き抜こうとはしないこと――は、彼の未熟さをより際立たせるように思える。社交界の誰よりも自分は賢いと思っているアーチャーが抱いているこうした「幻想」は、実は、「現実」をより一層空疎にしてしまうという意味において、彼の母親たちの抱くノスタルジー以上に単純でナイーヴなものであると言えるかもしれないのだ。

事実と言うべきか、アーチャーは自分のこうした未熟さを、彼と同じ苦しさを共有しているはずのエレンによって突きつけられることになる。

「……あなたは、私の側に座って、ご一緒に幻想ではなく、現実を見つめなくてはなりません」

「あなたが現実とおっしゃる意味が分からない。僕にとっての唯一の現実はこれなのですから」
彼女はこの言葉を長い沈黙で受け止めた。……

「それでは、私があなたの愛人として一緒に暮らすというのが、あなたのお考えなのですか——私はあなたの妻にはなれませんから?」と彼女は聞いた。

この質問があまりにあからさまだったので、彼は驚いた。その言葉は、話がそのような主題に近づいた時でさえ、彼の階級の婦人たちが避けるものであった。……

「僕は——僕は、あなたと一緒に、そんな言葉——そんな人間の分類が——存在しない世界にどうにかして逃げていきたいのです。そこでは、僕たちは、愛し合う二人の人間で、お互いが相手にとって全人生である世界。地上の他のことは重要ではなくなるのです。」

彼女は深いため息をつき、それは再び笑いに変わった。「あぁ、あなた——そんな国がどこにありますの?……」(二七四、強調は引用者)

ここからも読み取れるように、アーチャーにとって、エレンと自分との世界は「お互いが相手にとって全人生である世界」であり、それが「現実」であったわけだが、しかしアーチャーよりも経験が豊かで、本来の意味で「現実的」でもあるエレンは、そんなものは「幻想」に過ぎないと、アーチャーの言葉を退ける。エレンの「愛人」という言葉に彼が衝撃を受けるのは、それが育ちのいい女性が口にしない言葉であったからだけではなく、彼らの関係性がどういうものなのかを直視させる言葉だったからである。エレンは、二人の関係は、現実的に見れば社交界にたくさん存在する愛人関係と何ら変わりのないものになろうとしているのだということを、ここでアーチャーにつきつける。

この後、打ちひしがれたアーチャーは馬車を降りてエレンの前から立ち去ることになるが、エレンの言葉がアーチャーにとってこれほど厳しいものとなるのは、これが二人の関係性においてだけでなく、もっと広く深いレベルにおいて、アーチャーの未熟さを露呈してしまうからである。つまり、エレンの指摘は、オールド・ニューヨークとメイとの結婚生活に対して彼が抱く強い不満が、実のところ多分に欺瞞的であることを明らかにしてしまうのである。

まず、アーチャーは確かに社会規範に対して違和感を覚え、これに批判的であるという点で、他の大多数の登場人物よりは知性のある人物であるとは言えるが、一方でアーチャー自身も結局のところ規範を内面化し、それを作り上げている人間の一人にすぎないのだ。[*15] 現に彼は、上流階級の紳士たちを目の前にして、「集団として彼らは『ニューヨーク』そのものであり、男性の団結の習慣から、彼は道徳と呼ばれる全ての問題について彼らの主義を受け入れた。この点で一人だけ目立つのは厄介なことであり、その上不作法でもあることを彼は本能的に感じ取っていた」(六)というが、彼はほとんどいつも、社会で好ましいとされている規範に従って行動している。そして、知的好奇心旺盛で、貧しくても精神的に豊かな生活を送るネッド・ウィンセットやリヴィエール氏との会話を楽しみながらも、育ちのいい紳士は政治にかかわるべきではないと考えて、ネッドに説得されても青年のうちは政治にかかわろうとはしないし、リヴィエール氏の言うように貧しい暮らしをしてまで自分の知的自由を保とうとはしない。

さらに重要なのは、彼のメイとの結婚生活への不満に関してのことだろう。顕著な例として挙げられるのは、メイが、「ニューランド!あなたは本当に独創的だわ!」と彼の言葉を称賛し、彼はその賛辞に気が滅入るという場面である。「彼は気が滅入った。なぜなら、彼は、同じ立場に立たされた若者が言うと思われているだけのことを言っただけに過ぎなかったからだ。そして、彼女の答えは、本能と伝統が教え込んだもの――彼を独創的と呼ぶという点まで――を言っているにすぎなかった」（五三）とあるが、ここでニューランドは、自分は男性が普通そういう場面で恋人に言うであろうことを言っておきながら、メイが同じように「本能と伝統」に従って彼を「独創的」と呼ぶことは、許せないと感じてしまう。そもそも、作品の序盤でエレンに惹かれ始める前までは、アーチャーは時代の寵児であるかのようなメイが、社会が求める女性像をそのまま反映していることを誇らしく感じ、「満たされた虚栄心」（五）の溜め息をついていたのである。後述するように、結局のところアーチャーは個人としてのメイを理解しようとはしていないのであり、彼女を「型」に押し込めているのはアーチャー自身なのである。

「結婚してからも女遊びをするような男に対しては、ある程度の軽蔑が付きまとっていた。……アーチャーはいつもこの考え方を受け入れてきた」とある一方で、アーチャーは、「エレン・オレンスカは他の婦人とは違う。彼も他の男とは違うのだ。だから、彼らの状況は他の誰の状況とも違うのだ。そして、彼ら二人は、自分たちの判断の法廷以外、いかなる裁きの場で申し開きをする必要もなかった」（一八三）と考えていたと言うが、実のところ、メイが社会の要求する通りの女性であることを非難し、自分は社交界の他の人達とは違うと考えることは、彼の虚栄心を満たし、エレンを愛することの罪悪感を和らげるためのものに他ならない。そして彼が共謀するエレンによって、彼が他の人達と同じだと明らかにされてしまうことは、このことの自己欺瞞性を前景化させてしまうのである。

主人公、ニューランド・アーチャーの視点でこの話を読むことになる読者にとっては、因習的なオールド・ニューヨークは空疎に映るかもしれないし、それにそのようなオールド・ニューヨークの因習的社会を保存したいと願う人々の「単純なノスタルジー」も、ともすれば空疎に映るかもしれない。しかし、ノスタルジーを感じることができず、一見すると古い社会を客観的に捉えているかに見える青年アーチャーは、「幻想」に囚われて「現実」に対峙しようとせず、そしてまさにその行為によって他者を犠牲にするという点において、よりいっそう自己欺瞞的であると言えるのである。

4　ノスタルジーの受容

エレンが立ち去ったあと、物語の舞台は二十六年後、つまり一八九〇年代後半へと移り、五十七歳となったニューランド・アーチャーが書斎に座って、それまでの人生を静かに振り返る場面を映し出す。アーチャーは家族のあらゆる出来事を回想し、そして赤ん坊だった子供たちが成長し、愛する人と結婚して、それぞれの人生を歩んでいることに思いを馳せるが、その回想に重ねられるのは、時代が大きく変わってしまったという想いである。古い規範的社会は、完全に崩れ去っている。電灯が灯され、大西洋は五日で横断できるようになり、長距離電話をかけてきた息子ダラスの笑い声が、すぐ近くで話しているかのように聞こえることは、アーチャーを驚かせる。彼が青年だった頃とは違い、現代の若者たちは法律や実業だけでなく、政治や都市改革、考古学、建築、造園といったあらゆる分野に進出するようになる。息子のダラスはファニーという女性と結婚することになっているが、ファニーはボーフォートが不倫相手との間にもうけていた娘で、晩餐会の日にレファーツが危惧したような、成り金の私生児と子供を結婚させるということが、今では現実になっているということが分かる。ヨーロッパで育ち、十八歳でニューヨークに現れるというファニーの経歴などは、エレンを彷彿させるものがあるが、しかし、かつてエレンの自由な生き方を咎めたような狭量な人は、今はもういないとされる。

エレンへの想いが実らず、社会との強い摩擦を感じることで苦しい青年期を過ごしていたアーチャーは、今では心穏やかな日常を過ごしていることが分かる。そして、「結婚が退屈な義務だったとしても、その尊厳を保っている限りは大きな問題ではないのだ」と考え、そうした「昔のやり方にも、結局は良いところがあった」（二〇八）と、今は崩れ去ってしまったオールド・ニューヨークの規範的社会を、肯定的に捉えることができるようになっている。と同時に、「新しい秩序にも良い点はあるのだ」（二〇九）と考えている。アーチャーは自分たち家族のこと、今では美しい思い出となったエレンのこと、政治にかかわったときのことなど、懐かしい記憶をたどりながら、自分の過去を振り返ることができるようになっている。

この最終章を見ていくにあたって特筆すべきなのは、五十七歳となった彼が、自分もオールド・ニューヨークのイデオロギーを内面化した人間の一人に他ならなかったのだと理解し、受け入れるようになるという点にある。例えば、特に旅行を好まないメイとの結婚生活の中で、アーチャーは旅をする習慣を無くしてしまっていたが、メイが亡くなった今、海外旅行をして美術館めぐりをすればいいという子供たちの勧めに対して、アーチャーは、「自分が、習慣や想い出、それに突然呼び覚まされた新しいものから尻込みする気持ちによって、しっかりと縛られている」ことに気がつく。

今、過去を振り返ってみると、自分がなんと深い型にはまり込んでいたかがよく分かる。自分の義務を果たすということがもたらす最悪のことは、明らかに、他のどんなことをするにも適さなくなっているということだ。少なくとも、それが彼の世代の男たちの考え方だった。正と不正、誠実と不誠実、尊敬すべきこととその逆といった、厳しい区別が、予想できないものに対する余地をほとんど残してはいない。（二一〇、強調は引用者）

アーチャーは、オールド・ニューヨークの規範がいかに柔軟性を欠いたものであったかを確認するだけでなく、自分自身もその「深い型」にはまり、そこで作り上げられた人間の一人であったのだと気がつく。かつてニューヨーク州知事に説得されて、アーチャーは州議会下院議院を務めるが、しかし彼は国が求めるような実際的な行動に長けた人物ではなかったのであり、再選されることはなかった。彼自身もそれをありがたく思い、改革派の週刊誌にときおり寄稿する程度の方が、その世代と階級の人間に合った生活だったのだと認識する。このようにアーチャーは、合理的で物事を即断する息子のダラスが象徴するような、新しい時代の光に照らして過去を振り返る中で、自分自身もやはりオールド・ニューヨークの規範を内面化した人間だったのだと考えるに至るのである。

そしてアーチャーは、今では自分の目の前にある現実を「現実」として受け入れるようになっている。メイが妊娠を告白し、ダラスが初めて歩いた場所でもある書斎は、「彼の人生におけるほとんど全ての現実の出来事が起こった部屋」（二〇六、強調は引用者）として言及され、一方で彼が恋焦がれ続けたエレンは、今では「書物や絵画の中の想像上の愛する人」のように抽象的で、「彼の手にいれることのできなかった全てが集約された幻想」（二〇八、強調は引用者）となっている。このように、青年時代、エレンへの想いが実らない苦悩から、社交界に批判的な視線を向け、自分はこの人たちとは違うと考えることで自己正当化し、「現実」を受け入れることができなかったアーチャーは、今では自分がオールド・ニューヨークの一部であり、それが自分の生きてきた「現実」であったと認識するのである。

息子のダラスと一緒にパリを旅行し、彼の自信に溢れた言葉を聞きながら、アーチャーが「自分が場違いの存在で、表現の言葉を持たない」という感覚を抱くことは、そうした彼の認識を強めることになる。アーチャーとは異なり、新しい世代の人間であるダラスは、「運命を支配者としてではなく、同類と見なすことからくる安易さと自信を持っている」のであり、「全てのことに対等」で「やり方が分かっている」（二一五）。そして、アーチャーをオールド・ニューヨークの人間として規定する彼のアイデンティティーは、パリという空間にも違和感を覚えさせる。かつてエレンとの再会を何度も夢見たこの都市に実際に来てみると、「彼は気おくれを感じ、自分が古風で相応しくない人間に思えて」（二一二）くる。このように、自分が青春時代を過ごしたオールド・ニューヨークとは全く異なる時代と場所とを目の当たりにして、アーチャーは過去と現在の間に断絶を見て戸惑い、自分は場違いで時代遅れであるという感覚を抱く。ダラスが体現する新しい時代についてアーチャーが考えるように、「新しい秩序にもいい点がある」（二〇九）。実際に、物事を即断し、慎みのかけらもなく、昔からよく「隠し立てをして何かいいことがあるの？」（二一三）と反論していたダラスの合理性と行動力と無分別のおかげで、アーチャーは息子と旅をできることになるし、エレンと再会する場を用意されることになる。

しかしながら、アーチャーがこの最終章で現在と過去を対比しながら感じ取ることになるのは、むしろ、オールド・ニューヨークの良さの方であるように思われる。現代から見れば利便性と合理性を欠いているオールド・ニューヨークが、実は「繊細な」美しさを持っていることを、アーチャーはここにきて初めて、深く実感することになる。それは、彼が全てを知りつくしていると思い込んでいた妻のメイのことである。アーチャーが彼女に対して抱くイメージは、結婚前から五十七歳となった現在まで、変化していなかった。

［メイは］いつも寛大で、忠実で、疲れを知らなかった。しかし、あまりに想像力に欠け、全く成長することがなかったので、彼女の若いころの世界がばらばらに崩壊し、再建しても、そんな変化には全く気づかなかった。この堅くて明るい盲目性は、彼女の世界の境界を不変のものとしていた。……彼女は、この世は、自分の家のような愛情深い、調和のとれた家庭でいっぱいの、良いところだと思っていた……。だから、［息子の］ビルを［病の］死の手から奪い返し、自分の命を代わりに差し出した後、彼女は満足して聖マルコ協会のアーチャー家の墓所の自分の場所へ行ったのだ。そこには、アーチャー夫人が、義理の娘のメイがその存在すら気づかなかった恐るべき「傾向」から安全に守られて横たわっていた。（二〇八–二〇九）

メイは、息子を病から救って代わりに自分の命を差し出すという、ヴィクトリア朝の淑女のイメージ通りの死[*16]を迎え、新しい時代を目撃することはない。メイは確かに純潔な淑女としての姿を常に守って見せる。しかし、その仮面によって、アーチャーはずっと彼女のことを「盲目」だと誤解してきたのである。

しかし、アーチャーは、メイが「盲目」ではなかったことを初めて知ることになる。メイは亡くなる前日に息子のダラスを呼び出し、「お父さんがいてくれる限り、［ダラスたちは］安心で、そしてこれからもそうだろう、なぜなら、かつて彼女が頼んだとき、［彼］は自分が一番欲しいものをあきらめてくれたから」（二一四）と話して聞かせたのだということを、アーチャーは知らされることになる。「一番欲しいもの」とは当然ながらエレンを指すと思われるが、この夫のエレンに対する想いに気づいていたことを示すメイのこの発言は、アーチャーが思うように彼女が盲目だったのではないという事実を明らかにする。アーチャーは、メイにそんなことを頼まれたことはないとダラスに答えるが、メイとしては、互いに交わす視線の中で暗黙のうちにそれを夫に伝え、そして彼が古い規範を守って彼女を見捨てなかったことに感謝していたということなのだろう。「誰かが推察し、憐れんでいてくれたということ、それを知ることは、彼の心臓を締めつけていた鉄の輪を取り去ることのように思えた。……そして、その人が彼の妻だったということが、彼を言葉では表現できないほど感動させた」（二一四）。古い時代の人々の慎み深さを「ただ、座って見つめ合って、何が心の中で起こっているかを推測している」（二一四）だけとしか考えられないダラスにとっては、アーチャーが推測するように、これは「単に空しい挫折、無駄にされた活力の事例」に過ぎないものだろう。しかし、青年時代にずっとオールド・ニューヨークを「単純」で「冷酷」だと見做してきたアーチャーにとって、二十数年の時を経てメイの想いを知ることは、彼をこうした苦しみから救い出してくれることになる。

「不快なこと」を口にしてはならない規範的社会の中で、運命を支配者と見做して生きるからこそ、人々は「心臓を激しく鼓動させる」（二一二）ような経験をすることになる。そして、そのような時代は完全に消え去ろうとしている。メイがアーチャーを理解し、憐れんでいてくれていたことを知るということは、エレンが言っていたようなオールド・ニューヨークの持つ「繊細な何か」を初めて彼に実感させ、彼を苦しめたこの因習的社会を受容することを可能にし、そして彼が自分の青春時代に深いノスタルジーを感じることを可能にしてくれるのである。

エレンとの約束の時間が近づいてくる中、アーチャーは彼女に会うべきかどうか逡巡するが、しかし、運命を「支配者」（二一五）と考えるような、オールド・ニューヨークの人間にとっては、「幻想」は「幻想」として胸に抱きつづけるものであり、それは永久に手に入ることはない。アーチャーが自分を「古風」であるとし、エレンに会わずに過去の美しい思い出を永遠に保存するということは、彼が最終的にはオールド・ニューヨークをノスタルジックな想いで見つめ、そして紛れもない過去の人間として、この新しい時代から立ち去っていくことを選び取ったことを意味する。そしてそのとき、トラウマを引き起こす空間であったはずのオールド・ニューヨークはアーチャーによって受容され、進歩主義的、合理主義的な新しい時代によって汚すことのできない美しい故郷として、読者の前に浮かび上がるのである。

おわりに

小説に描かれるノスタルジーは、ともすればセンチメンタリズムに陥る可能性を孕むものだが、しかし『無垢の時代』がベストセラーとなった一方で、文学史上においても「アメリカ近代小説の頂点」[*17]と見做されるのを可能にしているのは、一つにはウォートンがノスタルジーを描くときの批評性にあるとも言えるだろう。デーヴィスは、芸術作品にノスタルジーが描かれるとき、ノスタルジーを好んで用いる大衆芸術が、第一段階の「単純なノスタルジー」を描写する傾向があるのに対して、高尚な芸術はノスタルジーを第二段階の「内省的ノスタルジー」および第三段階の「解釈されたノスタルジー」の表現へと高める傾向があると述べるが、[*18]ニューランド・アーチャーの達するノスタルジーは後者に当てはまる。アーチャーはオールド・ニューヨークの欠点を認識し、新しい時代の合理的な視点から見れば、その社会規範が無駄な時間と労力で満たされたものであると理解している。しかし、そうした社会規範という制約の中で生きるからこそ、その葛藤の中から生まれるノスタルジーは、美しいものとして描写されうるものとなる。

また、ノスタルジーに対する批評性は、アーチャーという主人公の視点のさらに外側にも設定されている。作者ウォートンは、『無垢の時代』の最後にアーチャーの美しいノスタルジーを描きながらも、それが過去を美化し、理想化する保守的な情動であるということを示唆するの忘れなかった。つまり、アーチャーは失われようとしているオールド・ニューヨークの慎み深さや趣きを美化しうるが、しかしそのノスタルジーは実際のところ、エレンとメイという二人の女性の犠牲の上に成り立っているのである。二十数年を夫と離れて一人で暮らしてきたエレンは、アーチャーが会いに来るのを待っていただろうし、また何よりも、妻のメイが全てを理解した上で淑女として彼に対していつも献身的に接してくれたのに対して、彼はメイが心の奥に何かを秘めているのを何度も感じとっていながら、生前には彼女のことを深く理解しようとはしなかったのである。アーチャーのノスタルジーにはやはり欺瞞性が残るように思える。しかしそれでも、たとえ盲目であると誤解されようともメイが淑女としての生き方を受け入れていたこと、また、彼が会いに行かない理由としての「古風」という言葉の意味をエレンが理解するであろうことを考えたとき、こうした人々の自己抑制の美しさを、読者が現代的視点から否定することは難しい。

デーヴィスは、高尚な芸術のノスタルジーは「ノスタルジックな記憶の真実性に疑いを持つよう促し、なぜノスタルジーを感じるのだろうかと考えこませさえする」(九一)と述べるが、ウォートンが描いたノスタルジーは、センチメンタルでありながらも、こうした豊かな複雑性を合わせ持つものであったと言えるだろう。アーチャーが、適切な言葉を持たない、型にはまりきった社会規範を内面化した自分を受容して、ノスタルジックになりうるとき、『無垢の時代』というこの小説もまた、ノスタルジーのもつ感傷性を受容するのかもしれない。

注

1 ストウ夫人の『アンクル・トムの小屋』や、スーザン・ワーナーの『広い、広い世界』といったセンチメンタル・ノヴェルの作家たちを批判して、ナサニエル・ホーソーンが「走り書きする女ども」と批判したことは有名である（Hawthorne 三〇四）。ジェイン・トンプキンズ（Jane Tompkins）の『センチメンタル・デザイン』を始めとして、「感傷小説」と呼ばれるような女性作家による作品を評価する向きもあるものの、未だに主要文学としての位置づけを確立するには至っていないというのが基本的な考え方であると思われる。

2 大井 五－一一、一二。

3 Edith Wharton, *The Age of Innocence* (New York: Norton, 2003).

4 トウェイン社の入門書的シリーズで『無垢の時代』を扱ったワグナー＝マーティン（Wagner-Martin）の著書のタイトルでは、「ノスタルジー」という言葉が使われている。そのほか、ノスタルジーという観点から本作品を分析した批評としてはタカムラ（Takamura）のものなどがある。

5 平石 二七四。

6 Davis 一四〇－一六六。

7 ウォートン作品に見られる感傷主義には、作者の経済的な事情も関わっていたと考えられる。『無垢の時代』の執筆期には、ウォートンは購入・改築した複数の家を維持するために収入増を計る必要があり、多くの作品を執筆して高い原稿料を払ってくれる出版社へ積極的に作品を売っていたという（辻本 三二一－三三二）。しかし一方で、ヒルデガード・ヘラーはウォートンの感傷主義を芸術性の観点からも肯定的に捉え、感傷小説の伝統とリアリズム小説の伝統が、ウォートン作品の中で対話しているとする（Hoeller xii）。

8 田中 一六五－一六六。

9 作品からの引用は、イーディス・ウォートン『無垢の時代』佐藤宏子訳（荒地出版社、一九九五年）を参照し、必要に応じて修正を加えた。以下、テキストからの引用は本文中の括弧内に頁数のみを記す。

10 キャンダス・ウェイド（Candace Waid）が『無垢の時代』に付した註によると、新しい歌劇場が建設された「四〇丁目より北」は、「洗練された安定した社会の境界の外側」であると見なされていたという（三）。

11 Davis 一六－二六。

12 Davis 一一〇。

13 Davis 一四。

14 エレンの発言が示唆するように、作者ウォートンは「不快」なことを聞きたくないという人々の慣習は、真実を知ろうとしないこと同義であると示そうとしていると言えるだろう。

15 タカムラは、アーチャーがオールド・ニューヨークの柔軟性の無さに苛立ちを覚える一方で、彼自身の性質もこの保守的な社会で形成されているということを指摘する（Takamura 六八）。

16 一九世紀のヴィクトリア朝の女性には、病気の子供の看病といった、家族に対する献身が求められていた（ウェルター 七三－八二）。

17 平石 二七四。

18 「西洋文化における大衆芸術は少なからずノスタルジーのテーマを扱っているが、その場合、おおむね単純な第一段階のノスタルジーの表現に限られる傾向がある。すなわち、過去の美しさをあからさまにうたい上げ、一般的にいくぶんナイーヴに、過去が現在の状況よりもすぐれていると主張するのである。それとは対照的に、いわゆる高尚な芸術、あるいはシリアスな芸術は、ノスタルジックな要求に歩調を合わせることを決して嫌うわけではないが、同時にたいていの場合、こうした表現に対して観客にもっと不確かでアンビヴァレントな姿勢をとらせようとする」（Davis 九一）。

引用文献

Davis, Fred. *Yearning for Yesterday: A Sociology of Nostalgia.* New York: The Free Press, 1979.

Hawthorne, Nathaniel. *The Letters, 1853-1856. The Centenary Edition of the Works of Nathaniel Hawthorne: Volume XVII.* ed. Thomas Woodson et al. Columbus: Ohio State UP, 1984.

Hoeller, Hildegard. *Edith Wharton's Dialogue with Realism and Sentimental Fiction.* Gainesville: UP of Florida, 2000.

Takamura, Mineo. "On Cruelty: Anachronism, Nostalgia, and the Violence of Museum Culture in Edith Wharton's *The Age of Innocence.*" *Studies in English Literature,* English number 50 (2009): 65-80.

Tompkins, Jane. *Sensational Designs: The Cultural Work of American Fiction 1790-1860.* New York: Oxford UP, 1985.

Wagner-Martin, Linda. *The Age of Innocence: A Novel of Ironic Nostalgia.* New York: Twayne, 1996.

Wharton, Edith. *The Age of Innocence.* Ed. Candace Waid. New York: Norton, 2003.

ウェルター、バーバラ「女は〝女らしく〟というモラルがつくられた」『アメリカの女たち――愛と性と家族の歴史』立原宏要訳、教育社、一九八六年、五五－九一。

大井浩二『センチメンタル・アメリカ――共和国のヴィジョンと歴史の現実』関西学院大学出版、二〇〇〇年。

田中栄子「『エイジ・オブ・イノセンス』――作品に描かれる都市像」『イーディス・ウォートンの世界』別府恵子編著、鷹書房弓プレス、一九九七年、一六五－一八一。

平石貴樹『アメリカ文学史』松柏社、二〇一〇年。

Ⅳ 第一期フランス留学時代の黒田清輝

——回想のフランス体験——

今林直樹

はじめに

二〇一六年は「日本近代洋画の巨匠」と言われた黒田清輝の生誕一五〇周年にあたる。それを記念し、同年、三月から五月にかけて、東京国立博物館で『生誕一五〇年　黒田清輝　日本近代洋画の巨匠』展が開催された。同展は、黒田の代表作として知られる「湖畔」や「舞妓」「智・感・情」をはじめ、フランス留学時代に描かれた「読書」「針仕事」「マンドリンを持てる女」「ブレハの少女」などの作品、さらには、フランスで黒田が師事したラファエル・コランや、黒田が共感し、影響を受けたジャン＝フランソワ・ミレーなど、黒田を取り巻いた人びとの作品が展示されるという大規模な回顧展であった。

黒田清輝は一八六六年に生まれ、一九二四年にこの世を去った。その五八年という短い生涯の中で、黒田は二度のフランス留学を経験している。第一期は一八八四年から九三年までで、第二期は一九〇〇年から〇一年までであった。このうち、第一期フランス留学時代は、期間が足掛け十年という長期に及んでいるだけでなく、年齢的にも十八歳から二十七歳までの時代にあたっており、黒田が多感な青年時代をフランスで過ごしたことがわかる。

黒田が洋画家としての道を歩むようになったのもこの時代であった。黒田が渡仏した当初の目的は法律を勉強するためであったが、渡仏後、黒田と交流した洋画家の山本芳翠や藤雅三、さらに画商の林忠正らの強い勧めによって、黒田は法律を捨て「画学修業」を決心するに至る。帰国後の黒田が、日本に近代洋画を確立するために常に第一線で活躍し続けたことを想起するとき、黒田の第一期フランス留学時代の意義をいくら強調しても、強調し過ぎることはないであろう。

本稿は、このような黒田の第一期フランス留学時代に注目し、主に、黒田が帰国後に残した文章や回顧談、および、留学当時に黒田が残した日記や手紙等の資料を用いて、黒田の第一期フランス留学がどのようなものであり、それが黒田にとってどのような意味を持ったかを考察することを目的とする。黒田の第一期フランス留学時代については、これまでの黒田清輝研究において数多く取り上げられて考察されている。[*1] 本稿では、それらの先行研究を踏まえつつ、これまでの黒田研究の中では取り上げられることの少なかった部分にも光をあてて考察を進めていくことができればと考える。

1　黒田清輝の青年時代とその晩年

黒田は自身のフランス留学時代のことについて、多くの文章や回顧談を残している。黒田にとってフランス留学時代を回顧するということはいかなる意味を持っていたのであろうか。

黒田は、一九〇六年、四十歳のとき、「巴里の冬の夜」と題する文章を残している。黒田はその冒頭で次のように語っている。

> 過ぎ去った事を想ひ起すといふものは実に一種の興味のあるものである、老人が其青年時代を慕ひ又年末になって一年中に起った事をいろいろ考へて見るなど皆是れは飯の後で茶を一杯飲むやうなもので何にもならないやうな所に自ら味ひが有る。
>
> 僕の留学生時代も段々と昔の事と為って行く、独りストーヴの前で巴里の紀念《ママ》の煙管でマリラン煙草をふかして過去を顧る。[*2]

黒田にとって過去を振り返るということは、食後にお茶を一杯飲むようなもので、何にもならないかもしれないが、それ自体で味わいのあるものであった。このとき四十歳であった黒田を「老人」とみることは適切ではないであろうが、この文章の中で黒田が振り返った時代とは、黒田が十八歳から二十七歳まで過ごした第一期フランス留学時代という、自身の「青年時代」であった。続けて、黒田は次のように記している。

何と云っても愉快なのは学生の時だ、丁度風船球のやうなもので只フアリ〳〵と向上の気に満たされて居るのだからいやな事は一切下界の事と見捨て面白く日を送った。*3

この後、黒田は、パリの冬の厳しい寒さを思い出しながら、あたかも当時にタイムスリップしたかのように、その当時に戻ってパリの町を歩く。黒田にとって、パリは陽気な町であった。黒田は「寒さ暑さに係はらずいつでも此陽気な分子が此都の空気中に含まれて居るのは真に不思議な町である」*4と記している。黒田はこの陽気な町であるパリで「いやな事は一切下界の事と見捨て面白く日を送った」のであった。

また、黒田は、パリ南東に位置するグレーを本拠地として絵画制作を行ったことで知られているが、一九〇五年、三十八歳のとき、「グレーの自炊物語」と題した回顧談のなかでグレーについて次のように述べている。

過去った事を静かに考へて見ると、グレーの四季は四季共に好いので、何時の時候が一番好いかと云はれると、一寸返事に困るのだね、春は空が晴れて、麦の芽が一面に出た野原の青い中に、林檎の美しい花が咲いて居るのも好いし、夏は麦が黄いのに、紅い虞美人草（コクリコ）と、藍色の矢車の花が交って一面に咲乱れて居るし、月の色から云ても、白い乾いた道路に蒼い様な影が有るのなぞは、一寸日本では見られない景色だね。*5

このような黒田のグレー回想について、美術史家の三浦篤は「何と幸福そうな、恍惚としたような、充溢感にあふれた自然との交わりでしょう」と感嘆を込めて述べている。[*6]

第一期フランス留学時代という過去に向ける黒田の視線は、このように美しいものであった。黒田にとって、この第一期のフランス留学時代は、自分自身が最も輝いていた時代であったに違いない。そうであるがゆえに、それは黒田にとっては振り返るべき過去であったのである。

しかし、一九一六年、五十歳のとき、黒田は「私は斯う思ふ」という文章において、五十歳の自分自身を振り返って、次のように記すことになる。

私などにしてもまだやっとスケッチが出来る位に成った位のもんである。私は当年とって正に五十歳になるが芸術にかけては一個の学生に過ぎぬ。年の割には画がうまくない。勉強する時間もいろいろのものに裂かれて比較的少なかった。これからまあ大に勉強する所存である。仮に八十歳位になったら自分は斯う云ふ思想を持って居ますと人に示すやうな事が出来やうかと思って居る。[*7]

また、やはり五十歳のときに記した「スケッチ以上に進みたい——第十回文展に対する感想」には、黒田の悲愴とも思える次のような言葉が散見される。

私の慾を言へば、一体にもう少し、スケッチの域を脱して、画と云ふものになる様に進みたいと思ふ。まだ殆んどタブロウと云ふものを作る腕がない。[*8]

（日本人の描く洋画は）未熟で、仕事に落付きがない。主張などは銘々違ふのだから立場立場で互に充分発揮していかなければならんけれども、主張に伴ふ制作と云ふ上からは、もっと熱心に画を作るということを努めねばならぬと思ふ。之は敢て他を責めるのではない、自分を警《いま》しめるのである。自分達の画は粗雑である、それを深く恥づる[*9]

このような黒田の文章に対して、三浦は「長期のフランス留学をして功なり名を遂げた画家、すでにそれなりの作品を積み上げてきた日本洋画を代表する画家の晩年の言葉としては、あまりにも寂しいと言わずにはいられません」と述べている[*10]。

帰国後、東京美術学校教授、帝国美術院長などを歴任して、絵画技法だけでなく、美術行政や制度の確立をも含めて、日本における近代洋画の確立に尽力し、さらに、一九二〇年、五十四歳のときには貴族院議員に当選して、政治の世界にまで活躍の場を広げて多忙を極めた黒田には、その若い晩年、思うままに絵筆を振るう時間的余裕は与えられていなかった。五十歳を迎えた黒田は、たしかに功成り名を遂げた人物とはなっていた。しかし、画家としては「一個の学生に過ぎない」「年の割には画がうまくない」「まだ殆んどタブロウと云ふものを作る腕がない」と、自虐的に自身を振り返ることしかできなかったのである。

このようにみると、フランス留学時代という「青年時代」の黒田と「晩年」の黒田の間には「輝いていた過去」と「輝きを失った現在」という明らかな対比がある。黒田にとって、時間を気にすることなく、仲間たちと楽しく自由にのびのびと絵筆を振るうことができたフランス留学時代は、眩しいくらいに「輝いていた時代」に映っていたであろう。黒田は、このように五十歳の自分自身を振り返りながら、自身が最も輝いていたフランス留学時代に思いを馳せていなかったであろうか。黒田の頭の中にフランスでの楽しく充実した日々が、走馬灯のようにぐるぐると回っていなかったであろうか。「私は斯う思ふ」で「仮に八十歳位になったら自分は斯う云ふ思想を持って居ますと人に示すやうな事が出来やうかと思って居る」と書いた黒田は、それに続けて「或はそれまで生きないかも知れない」と書いた。もちろん、自らの運命を予感していたわけではないであろうが、事実として黒田の人生はあと八年を残すのみであったのである。

2　日本へのノスタルジー

黒田が渡仏のために横浜港から日本を発ったのは一八八四年二月二日のことであった。

黒田は、一九一二年、四十六歳のとき、「私は豪傑主義の少年だった」という随筆を書いている。その中で、黒田は、自身の少年期の思想が、英雄豪傑を慕う「豪傑主義」であったとし、ガリバルディの伝記に感服したことや、「男と生れた上は西洋の代議士（其頃日本にはなかった）のやうなものになって見たいと思った」ことを記している。[*11] そのためには法律を学ぶ必要があり、当時は法律と云えば「仏蘭西が一番」ということで、十七歳のときにフランス語を学び始めたという。そして、フランス留学の機会を得たときも、「無論目的は法律にあった」と述べている。当時、十八歳の黒田は、日本を離れてフランスへと向かう自分自身に意気揚揚とした「豪傑」の姿を重ねて見ていたのかもしれない。

三月十五日、黒田はフランスのマルセイユに到着する。黒田が航海中に記した日記や、フランス到着後に父母宛に送った手紙を見る限りでは、黒田の中に初めて海外に渡航することへの不安や、日本を離れることへの郷愁といった感情を見出すことはできない。[*12] むしろ、これからのフランスでの生活を心から楽しみにしているような、明るい、楽天的とも思える気持ちさえうかがえる。

では、黒田は、長きに亘ってフランスで暮らすことになって、何の郷愁も覚えなかったのであろうか。この点について、黒田の義弟で弟子でもあった大給近清は、黒田から聞いた話として、次のような夢の話を紹介している。

或る時、先生から夢の話を聞いた、それは先生が初めて洋行された時に、言葉が分らず、種々勝手が違ふ、年は若いと云ふので、日本へ帰りたくて堪らない時代に、日本へ帰った夢を見た、友人連が集って来てよく帰ったと言ふて歓迎をしてくれたが、自分は折角西洋へ行きながら何にも得ないで帰って来たので、どうも極りが悪くて家へ入れなかった非常に恥かしい思ひをした所で眼がさめた。其後は日本へ帰り度いと云ふ心を捨てて勉強したと云ふ話であるが、我々若い者には、其話が身に染みて聞かれ、大いに教訓になった事がある。[*13]

夢に現れるまでに黒田の日本への郷愁が募っていたことがうかがえるエピソードであるが、明治人であった黒田の中の一種の「使命感」が、黒田を現実の世界に引き戻し、将来に向けた前向きな気持ちへと向かわせたのであろう。

また、黒田は、一九〇六年、四十歳のとき、「旧友クラレンス・バード」という文章を書いている。その中で、黒田は次のように回想している。

月夜の時などは、僕は一人でぶらりと出懸ける。停車場の方から左へ曲ると、ボワニュヰルを包んで居る崖の後手に出る。此処は又別に一廓を為して居て、麦畝の中に一と筋狭い道があるばかり。眺めは広く至て静かで、遠くには靄が懸り草には露の玉が光って居る。此の道を往たり来たりして、三笠の山に出し月かもなどを高声で謡って帰る。是れは丁度退屈の折に欠《あくび》をする様なもので、たまには日本語で何か云て見度くなるのだ。[*14]

引用文中の「三笠の山に出し月かも」とは、阿倍仲麻呂の「天の原　ふりさけみれば　春日なる　三笠の山にいでし月かも」の歌を指すことは言うまでもない。阿部仲麻呂は、七一七年、十六歳のときに留学生として唐に渡り、当時の玄宗皇帝にも高官として重く用いられた。長安での滞在も数十年に亘ったという。その仲麻呂が晩年に遠い故郷を懐かしく思って詠んだ歌を、黒田はボワニュヴィルでの夜の散歩で大声で歌ったと回想しているのである。

では、なぜ仲麻呂のこの歌であったのであろうか。歌の意味を踏まえて、常識的に考えれば、黒田は、独り歩く月夜の散歩で募った故郷への思いを歌というかたちで口にしたかったのではないであろうか。黒田の目の前に広がる風景は、遠くに靄がかかり、草に露の玉が光るという日本的なものであった。少なくとも黒田には日本的な風景として映ったのではないであろうか。そのような風景は、黒田の中に遠い日本への郷愁を掻き立てたであろう。黒田は、自身と同じような年頃に、中国とフランスの違いはあるが、同じく留学生として遠く故郷を離れて異国の地に学んだ阿倍仲麻呂に、自分自身を重ねてみたのではないであろうか。

もちろん、「日本語で何か言いたい」という気持ちも素直なものであったであろう。

黒田は、一八八四年三月二十三日、フランス語の学習のために、パリのバティニョール街にあったアンスティテュシオン・ド・ゴッファールという私立学校に入学する。そこは日曜日の全日と木曜日の午後が休校であった。黒田は、四月十八日付けの母宛ての手紙で「このがっこにはいりてから　にちようにそとにでて　なおよんさんやほかのにっぽんじんにあうのがなによりのたのしみでござります」と書いている。[*15]「なおよんさん」とは、黒田の義兄であった橋口直右衛門のことで、フランス公使館の書記生であった。黒田は、この橋口とともに渡仏したのであったが、橋口を通じて在仏日本人と交流を持つことができた。手紙の時点では、渡仏してからまだ二か月しか経っておらず、これら在仏日本人との交流は、黒田にとって異国での生活の不安を取り除いてくれるものであったであろうし、孤独を和らげてくれるものでもあったであろう。その意味で、黒田はこうした日本人との交流を何よりの楽しみとしていたのである。

二十歳前後の若い黒田にとって、長く続くフランスでの生活は、ときに黒田自身の中に日本への郷愁を掻き立てるものであった。そしてまた、日本語で話をしたくなる気持ちを掻き立てるものでもあった。渡仏からすでに六年半が経過した時点でも、一八九〇年十月十六日付けの母宛ての手紙に、「なんだかにっぽんのことバではなしをしないと　せいようのことばでハしんからはなしてをるようなこころもちがいたしません」[*16]と記したほどであった。ある意味、それは当然のことであったと言えるかもしれない。そのようなときに黒田を支えたのは、在仏日本人たちとの交流であったのである。

3　フランス回想——人物——

(一)　山本芳翠

黒田が交流した在仏日本人の中で最も重要な人物の一人が山本芳翠である。芳翠は一八七八年に渡仏し、アカデミズムの大家、ジャン＝レオン・ジェロームに師事した洋画家で、黒田の中に「画才」を見出し、後に黒田の画家への転身を強く勧めた人物である。

一九〇六年、黒田は芳翠の逝去に際して「山本芳翠氏の逸事」と題する談話を残した。その中で、黒田は、山本が「料理上手」であり、フランスでも日本料理を作っていたとして、次のように回想している。

君の仏蘭西に居た時一人の婆を使って居ったが君は器用に日本料理を拵へて好く客を呼ぶ、君の画室は殆んど其当時の日本の貴顕紳士で外国に来た人の集会所と云った有様がある[*17]

黒田は母宛ての手紙でもこのことについて触れており、「にっぽんのめしがたべたいときにはみんなこのやまもとさんのおうちにいってたべます」と書いている。[*18] このように、芳翠の作る日本料理は、異国で暮らす黒田の「帰巣本能」に訴えるものがあったことであろう。

ところで、先述のように、芳翠は黒田に画家への転身を強く勧めた人物である。「山本芳翠氏の逸事」に、黒田は「橋口某と云ふ人の許へ好く遊びに往き慰みに絵を書いて壁へ張って来たのを君は何時か見たのだろう『此人を絵書きにしたならば相応な画工になる』と橋口や其の他の人にも話した、帰朝後も故の佐久間貞一氏や或は、私の親のところにまで来て、『是非黒田を絵書きにしたい』と頻りに奨めた」と記している。[*19] また、黒田は、一八八六年二月十日付けの父宛ての手紙に次のように記している。

山本（当地在留の画工）藤（工部大学卒業生ニテ同工部省より官費ヲ以テ油画ヲ学ブ人）林（当地在留の日本画其他諸古物ナドノ商人先ヅ一寸云ハバ古道具屋也）ノ諸氏ガ日本美術ノ西洋ニ及バザルヲ嘆ジ私ニ画学修業ヲしきりに勧め申候　且つ私ニ画の下地あるを大ニ褒め曰く　君ニシテ若シ画学ヲ学ひたらんにはよき画かきとなるや必せり　君が法律を学ぶよりも画を学びたる方日本の為メニモ余程益ならん　などと迄申候故少しく画学を始めんかとも思ヒ居候　固より好きの事故少しく勉強したらんには進歩可致と存候[*20]

それまでは自身の楽しみや慰めのために描いていた絵を、芳翠をはじめ、藤雅三や林忠正らの強い勧めにより、黒田は本格的に学びたいという意志を示すようになっていった。「画を学びたる方」が「日本の為にも余程益ならん」という言葉は、黒田にも強く響くものがあったことであろう。しかし、黒田の語るところによると、芳翠は黒田に「僕は君を画工に推薦して君に気の毒な事をした画工ほど貧乏なものはない」と度々言ったという。[*21] 芳翠の人柄がうかがえるエピソードである。

（二）藤雅三

先の黒田の父宛ての手紙に記された藤雅三という人物も、黒田にとっては重要な人物の一人である。それは、芳翠と同じく、黒田に画家への転身を強く勧めたということも一つであるが、黒田を、藤の師であり、後に黒田にとっても師となるラファエル・コランと結びつけたことや、黒田にとっては終生の友となる久米桂一郎と結びつけたことである。

黒田は、一九一六年十二月二十三日に藤が逝去した際、「藤雅三氏逝去す」と題する文章を残した。その冒頭、黒田は「私が画家になったのは、半ば藤君の導と言てもいい、藤君を知る前には画家にならうと言ふ様な考へはなかった 藤君がパリーに来られて、藤君の為にコラン先生の所に通弁の意味を以て出入りを仕初めたのが私の画家になる動機であった」と記した。[*22] 黒田が画家になることに藤が深く関わっていたことは間違いないことであるが、フランス語に不自由をきたしていた藤の通訳を務めた黒田が、それを機にコランを知るようになったというエピソードは、黒田とコランの出会いを語るときに必ずといってよいほどに紹介されるものではあるが、今日ではかなり疑問視されている。[*23] それが黒田の記憶違いによるものか、何か別の理由があるのかについてははっきりとはしていない。

これまで、藤雅三という人物はこのエピソードとともにのみ語られてきたという感があるが、黒田の手紙には何度となく藤が登場する。その記述からすると、黒田は藤と写生に出かけたり、制作中に藤から手直しを受けたりと、絵画制作という点から藤との交友が有意義であったことがうかがわれる。例えば、黒田の母宛ての手紙には次のような記述がみえる。

わたしもちょいちょいちかくのいなかに　ふぢといふこちらにきておるあぶらゑのゑかきさんといっしょにでかけます　わたしはあぶらゑはかけませんから　ただゑんぴつとかみをもってゆきます　そうしてふぢさんがかいておるわきでけいしょくをかきます　そうしてあとでなをしてもらいます　なかなかよいたのしみになりますよ　またこれはたのしみばかりではなくよいゑのけいこでございます
（一八八六年五月七日付け）[*24]

このまへのにちように　ふぢさんといふゑかきさんと一しょにいなかにあさからでかけ　ゑのけいこをしました　おひるのごぜんはぱんとひゐたにくとをかひ　くさはらにねころんでふたりしてたべました　まことになんともかんともゆわれないあぢがいたしました
（一八八七年四月十五日付け）[*25]

先述のとおり、黒田は、一九一七年、五十一歳のとき、藤への追悼文を書いている。そこには、藤との交友が「兄弟のやうな交り」[*26]であったと記されているが、先に引用した手紙はそうした二人の親密な関係を彷彿とさせるものである。また、黒田は藤が芸達者で、三味線を上手に弾いたことを回想しているが、このことに関して、黒田は「異郷の地で三味線の音を聞いたので非常に懐しい念ひに、その興奮の結果、皆んなが酔っぱらおうと言ふことになり、私なども大変に酔ってしまって帰りにすっかり吐いて了ひました[*27]」と記しており、このエピソードを「今でもよく記憶してゐる」とも書いているので、黒田にとってはよほど楽しい思い出であったのであろう。

そして、それは、日本を離れてフランスという「異郷の地」で暮らす黒田にとって、そしてその他の在仏日本人たちにとって、しばしの郷愁に耽るだけでなく、これからも続くフランスでの生活に向けてのエネルギーともなっていったと思われる。

しかし、やがて藤は黒田の前から姿を消す。一八八八年十月二十五日付け、父宛ての手紙には、藤がフランス人女性と結婚し、コランとの関係にも不都合が生じたことが記されている。

藤は、一八八八年、出品作である「敗れたズボン」でサロンへの入選を果たした。この作品が米国のネブラスカ州オマハのジョスリン美術館に収蔵されていることが知られるようになり、その結果、藤の画風が「正統なアカデミズムの伝統にのっとり、技術的な習熟度も極めて高いものであったこと」が明らかになっている。[*28]

黒田との交流という点から、以上のようなことを総合して考えるならば、藤雅三という人物は、黒田の第一期フランス留学時代において、画家としての黒田清輝の誕生に立ち会った人物であったと言って間違いないであろうと思われる。

(三) ラファエル・コラン

一九一六年十一月十五日、黒田はフランス留学時代の師であったラファエル・コランの訃報に接した。この日からしばらく、黒田の日記には師を失った悲しみが綴られることになる。[*29]

黒田の日記を見てみよう。

十一月十五日

十時半頃帰宅ス。留守中朝倉氏ヨリ電話掛リシ由ヲ聞キタレバ直ニ其用向ヲ問ヒ合セタルニコラン先生ノ御逝去ノ事ナリシニハ実ニ驚入リタリ　二十一日也シトカ　米国雑誌ノ報スル所ナル趣　最早再ビ仏国ニ遊ブノ念ナシ　来合セタル岡幹事ニ研究所祝賀会ノ延期ヲ命ズ　何モ彼モ久米等ト相談ノ上決ス可シ

十一月十六日

悲報ノ為午前三時過マデ眠ル能ハズ　今朝電話ニテ研究所ニ一日ノ休業ヲ申渡セリ　十時頃美術週報ノ記者来リテ談話ヲ筆記ス（中略）夜先生ノ書翰ヲ読ム　通信ヲ怠リ居タル事ハ何ヨリ残念ナリ

十一月十七日

先生ヲ思フテ胸塞リ頭重シ　本日ノ登校ハツラキ義務ナリ

黒田の悲痛な様子がうかがわれる。この後、黒田は、同じくコランの弟子であった久米桂一郎、岡田三郎助、和田英作とともに弔電について相談している。また、黒田は美術雑誌や新聞の記者たちからコランの訃報に関する取材を受けている。しかし、これは黒田にとって不愉快なことではなかったようである。十一月十九日の日記には次のように記している。

今朝毎夕新聞ノ記者ニ襲ハル　此訪問ハ決シテ不愉快ニ非ズ　先生ノ事ヲ吹聴スルハ固ヨリ望ム所ナリシ午後日日ノ赤壁子ヲ始メ時事　朝日　萬朝ノ諸者続々来訪　何レニモ先生ノ事跡ヲ詳シク語リ聴カセタリ　是レニテ幾分ノ義務ヲ果シタル心地ス

黒田は、こうした取材を受けて、コランの追憶談をいくつか発表している。「コラン先生追憶」(『美術』大正五年十一月)、「コラン先生の追憶談」(『美術週報』大正五年十二月)、「コラン先生逸事」(『美術』大正六年二月)などがそうである。[*30]

コランは、画家としての黒田清輝の誕生に最も深くかかわった人物である。黒田はコランへの弟子入りについて、次のように回想している。

(藤雅三の通訳として)先生の処へ行く毎に、素より好きな性でもあり、先生の態度、作品に接して非常に絵と云ふものが面白いものと感じ、稽古をしたくなった。それでも未だほんとに思ひきって、絵描になる決心が少なくって、言はば、慰さみ半分に稽古をして見たくなった。それである時先生に絵を稽古するには、どうしたらいいでせうかと尋ねたら、先生は先づルーヴルに紹介するから、希臘の彫刻物などを写生して見ろと言はれた。これが私としては病みつきの始めであった。[*31]

黒田は、一八八六年の夏休み前にコランの紹介状を持ってルーヴル美術館で大理石像の写生に励み、夏休みにはスケッチ・ブックを持ってベルギーに旅行したと回想している。コランは黒田に送った手紙の中で「ベルギーやオランダのような、とりわけ数々の芸術品に埋め尽くされた国で休暇をとるのも悪くないですよ」と記し、ベルギーとオランダのどこに行って、何を、誰の、どの作品を見るべきかを実に詳細にアドヴァイスしている。[*32]

黒田は、後に「新派」「紫派」と言われるようになる明るい色彩の絵画を日本にもたらしたが、それはコランの影響であった。黒田は、コランの絵に現れた柔らかく、穏やかで、明るい色彩が、コランと同門であったバスティアン・ルパージュの影響であって、印象派に由来するものではなく、むしろ、コランは印象派の絵画を形式に偏ったものとみなし、印象という点から形を無視する悪習があるとして、それには流されることなく「優美といふことを離れずに、外光派を完成させられた」と回想している。[*33]

また、黒田は、コランの描く絵について、次のように記している。

其外に先生は実際の物、即ち朝晩に常に見るところの物を画題とすることは卑しいこととしてやられなかった。始終詩的瞑想の中に居られて、自然中の自然の美を喜ばれた、多く画題にせられたのは詩とか歌とか、又春とか夏とか云ふ様なものを、裸体の女を借りて之を主題として、それに適はしい風景を画かれた[*34]

このとき、黒田の頭の中に、コランの作品として最もよく知られている「フロレアル」（花月）が浮かんでいたかもしれない。

黒田をはじめ、コランに師事した日本人画家たちは、なぜコランを師と仰いだのであろうか。この点について、三浦篤は「コランが日本美術と深く関わっていたこと、もっと踏み込んで言えば、コランの作品に『日本』と同調する部分が内在していたことが、黒田たちを必然的にコランに導いたのではないか」「コランと日本人青年画家たちとの出会いは偶然であるどころか、ほとんど歴史的、芸術的な必然といえそうである」と指摘している。[*35] 先述の黒田のコラン理解にみるとおり、黒田はコランの中の日本人の感性に訴えるものに魅かれたのであった。

黒田はコランの訃報を聞いて「親を失った様な感じ[*36]」がすると記した。黒田は、一八八六年十二月十七日付けの母宛ての手紙の中で「ゑのせんせいがたいへんていねいにしてくれますから　まことにしあわせなことです[*37]」と記した。フランス留学中に持ったコランとの日々は、黒田にとって、何物にも代えがたい充実した幸せな日々であったであろう。一八九三年に帰国した黒田にとって、コランとの別れは胸を引き裂かれるような思いであったに違いない。コランは、帰国後の黒田宛ての手紙の中で「あなたがトロンコワと一緒にいるのであれば、とてもうれしく思います。彼は学識も美的感覚もある魅力的な男で、あなたが懐しがっているパリでの生活のことを、多少なりともきっと思い出させてくれるでしょう。あなたが寂しがっていると聞いて、私はとてもつらい思いがします」と記した。[*38]黒田は、一九〇〇年に再度渡仏したときにもコランの指導を仰いでいる。

これまでにも言い尽くされてきたことではあるが、黒田清輝を画家としての黒田清輝に育てたのは、まぎれもなくラファエル・コランであった。

(四) クラレンス・バードとベゴウ家の人々

黒田と同じくコランの弟子で、黒田と親しい交流を持った外国人にイギリス人のクラレンス・バードとアメリカ人のウォルター・パーソンズ・ショウ・グリフィンという人物がいる。先述のとおり、黒田は、一九〇六年、四十歳のとき、「旧友クラレンス・バード」という文章を書いている。黒田は、バードとグリフィンとの三人連れで、一八八九年五月と七月、八月にボワニュヴィルに旅行している。黒田は、一八八九年五月十日付け、父宛ての手紙でボワニュヴィル訪問の目的を「景色画の稽古[*39]」と記しているが、ボワニュヴィルではその他に三人で川に遊びに行ったりして楽しんでいる。黒田は、バードについて「元来至て無邪気な子供らしい男で、子供は大好きで、能く子供を相手にして居たから画にも多く子供をかいた」と記しているが、黒田もまた「此辺で能く村の子供や羊の児などを写生した」と回顧している。[*40]

黒田はバード、グリフィンとフォンテーヌブロー近くのブロールも訪れている。その宿泊先であったベゴウという一家について、黒田は「バードが至て懇意にして居る内で、此の家の主人も五十二三で大の酒飲みで、女房が家事万端をやって居た[*41]」と記し、加えてベゴウ家の人々や町の様子などが詳しく記されている。黒田は、ある年の冬、ブロールにベゴウ家を訪ねた際にベゴウ家の人々といっしょに食べた鱈と馬鈴薯の煮込みの味は今でも忘れられないと回想しているが[42]、こうしたバードやベゴウ家の人々との日々はとても楽しいものであったのであろう。黒田は、再度渡仏した一九〇〇年の夏、ブロールにベゴウ家を訪ねたという。黒田は次のように記している。

三十三年の夏、久し振りで、ブロールへ出掛けた。ベゴウの家族はどうして居るか、亭主は弱い男だったから死んだかも知れない。隠居は無論もう居ないだらう。娘は二十六七にもなるから、子供の一人や二人はたしかだ。かみさんは相変わらず、客の相手と台所で暮らして居るだらう。息子はもう兵役を済ましたらう。兎に角皆が嘸喜ぶだらうなどと、独りで考へて、ボワルロワの停車場から、予て知って居る裏道を通って、裏の畠の方から、離座敷の横手の木戸を開けて這入った[43]。

「一分一秒でも早く会いたい、みんなの喜ぶ顔が見たい」という、いそいそとした黒田の思いが伝わってくるような文章である。しかし、このことはかなわなかった。なぜなら、「僅か此の十年間に、隠居も亭主も女房も娘も皆死んで仕舞ひ、倅は巴里へ行ったと云ふ事丈知れて居る」という状況であったからである[44]。黒田は記している。

バードは此の不幸を知って居るか知らん、ムッシウ、オワゾウと、娘が常にやさしい声で呼んだのが、今でもバードの耳に残って居るに違ない[45]。

黒田が帰国する一八九三年、バードは黒田に手紙を出している。その冒頭に、バードは次のように記した。

私たちはそれぞれの国に帰るために離れ離れになります。もし来年の春、偶然にフランスを訪れたとしても、もう清輝や「くめ」さんといった昔の友達にもてなしてもらうことも、シェ・ラヴェニューかバトネット・シェ・ヴで昼食をとることも、グレーの川に舟を浮かばせて夕食の集いをすることもできません。しかしながら、あなたたちはヨーロッパに戻って来るという希望を持ち続けておられるのですから、そう遠くない将来、パリでお目にかかれることを期待しています。これは私たちの願いであって、この希望がむなしく終わることはないのです。*46

バードをはじめ、フランスで芽生えた外国人たちとの友情は黒田の青春の宝物となったことであろう。こうした経験は黒田を人間的にも成長させたに違いない。

4　フランス回想——場所——

(一)　グレー

先に「グレーの自炊物語」でみたように、黒田にとってグレーは四季折々に美しいところであった。それは、後にグレーを訪れることになる和田英作や浅井忠らにとっても同じであった。

しかし、黒田の「自炊物語」の前半には、グレーにおける「貧乏物語」とでもいえるような話が次々と語られている。まさに「貧乏」こそが黒田に「自炊」を強いたものであった。一八九〇年五月二十三日付け、グレー発の父宛ての手紙には、モデル代がパリのほぼ半額であるとはいえ、「食料等の外ニ五佛つゞ《ママ》毎日かかり候事故非常ニ貧乏仕候」「それニ付てハ毎度申上候通り学資ハ例年よりも多く入り申候　左様御承知奉願上候」とあり、黒田の生活が苦しいことがうかがわれる。[*47]また、続けて「今度御送り被下候金子にて久米氏への借金等も返し可申候　此の金にて今月の払も致し六七月中ハ無事ニ勉強出来可申御安心可被下候」とあるので、黒田が久米から借金していて、学費の支払いにも不安を感じていたことがわかる。[*48]先述の「巴里の冬の夜」には次のような記述が見える。

だが寒かったよ巴里の冬の夜は、部屋にストーヴは附いて居ても炭を充分焼くと却って懐が冷えるから寝台の上の蒲団（エドルドン）を下ろして足に捲き着け頭から外套を引被ってランプに向って五銭（二十五サンチーム）で買って来たウヰルジルでも読む。[*49]

黒田のパリでの切り詰めた生活ぶりが目に浮かぶようである。黒田が亡くなる前年の一九二三年に発表された「仏国四季の追憶」でも、黒田は自身の留学時代を「貧乏書生である」と述べており、[*50]グレーに限らず、フランスでの生活において貧乏は常に黒田に付きまとっていたかのようである。しかし、「グレーの自炊物語」は、黒田の軽妙な語り口で話が展開しているため、貧乏生活に伴う悲惨さや哀れさといったものは感じられない。むしろ、それを面白おかしく語っているので、全体に明るい調子になっている。とはいえ、実際にはかなり厳しくつらい生活であったことと思われるが、それは時の流れが黒田からつらく悲しい記憶を取り去った、あるいはつらかった記憶を懐かしいものへと変えたのであろう。先述の「旧友クラレンス・バード」には、黒田がボワニュヴィルでの宿泊先の部屋に南京虫がたくさんいて「今でも想ひ出すと寒けがする」と記す一方で、「こんな事は、其当時は随分苦しかったが、今と為っては中々面白い紀念である」と記しており、時の流れが記憶を浄化していることがわかる。[*51]

云うまでもなく、黒田にとって、グレーは絵画制作という点でも重要であった。そのことは、黒田がグレーで知りあったマリア・ビヨーという女性をモデルに描いた「読書」が、一八九一年の春に開催されたフランス芸術家協会のサロンに出品され、それが黒田にとっては初入選作となったことでもわかる。マリアは「婦人像（厨房）」でもモデルを務めており、黒田のグレー時代にはモデルとして、あるいはそれ以上の存在として欠かすことのできない人物である。[*52]

また、当時、グレーはいわゆる「芸術家コロニー」となっており、欧米の画家たちが数多く訪れるところであった。黒田は、そうした外国人との交流を通じて「印象派」とも向き合うことになる。黒田は必ずしも印象派には好意的ではない。それは、同じくコランの弟子であった久米もそうであった。久米は印象派について、「要するに、その頃の印象派の主たる画家は、ギラギラした日光の効果を画面に活動させるためにさまざまな工夫をしたのであって、コランの教えを受けた僕ら（筆者註　久米と黒田を指す）にとっては、今少し穏やかで柔らかな調子のある風景画を狙ったものである」として、印象派の絵画をコランの描く絵画と対比して評価している。[*53]

黒田は、一八九〇年五月十七日付け、父宛ての手紙に「当地は米国人非常ニ多キ地ニテ英語ノ社会甚だ面白カラザル次第ニ候処今度ハ私共日本人三人ト相成候故毛唐人ニハ関係セズ我等ハ我等ニテ別ニ一世界ヲ為シ居申候[*54]」と書き、ややナショナリスティックに外国人との交流を避けていたところもあったようであるが、グレーという芸術家コロニーでの外国人との交流は、「絵画」に対する自身の考えや立場をはっきりとしたものにする機会となったことであろう。その意味でも、黒田にとってグレーは大切な存在であったのではないであろうか。

(二)　バルビゾン

黒田は、一九一二年、四十六歳のときに、「二十余年前のバルビゾン村」という文章を残している。黒田が、ジャン＝フランソワ・ミレーやカミーユ・コローなどの、いわゆるバルビゾン派の画家たちに関心を持って居たことはよく知られている。一八八七年十二月二十九日付け、母宛ての手紙には「こないだぶんぞうさんにおみやげにもらいましたおかねでみれといふなだかいゑかきがかいたゑのほんを一さつ九ゑんばかりだしてかいそのほかにいろいろなほんを三四さつかいました　まことにうれしいことです」と記している。[*55] なお、先述の「グレーの自炊物語」でも、ロワン川の川向こうに位置する牧場の様子について「彼のミレーの図に能く有るのが、今でもミレーの絵を見ると彼の絵を通して一種面白い感が有るね」と記している。[*56]

黒田をバルビゾンに誘ったのは既述の米国人、グリフィンであった。黒田はバルビゾン訪問について、「私はまだ画を始めて余り長くならない時分であるし、ミレーの画などは、まだ余り深く知らなかったが、バルビゾンはよい処だと聞いたので、往って見る気になったのである」と記している。[*57] そして、これがきっかけとなり、黒田は、バルビゾン、そしてバルビゾン派の画家たちに関心を抱くようになったのである。バルビゾンについて、黒田は次のように記している。

> 秋の末から、冬の初めにかけて、我々は居たのだが、今でも其時候の頃に田舎に往って居ると、きっと当時のことを思ひ出す。霜はまだ降らなかったが、雨が降ってジメジメして居る頃で、ストーブを焚くのが、よい気持の時候であった。[*58]

美術史家の山梨絵美子は、黒田のフランス留学中の作品には都市空間を描いたものは限られていて、その多くが「いなか」の風景やそこに暮らす人々を描いたもので、こうした「いなか」への愛着が黒田の画業の中で大きな意味を持っていたように思われると指摘している。[*59] 黒田は、一八八八年一月二十二日から二週間弱、ジュイアンジョザスに滞在しているが、そのときのことを知らせる母宛ての手紙には「いなか」の文字がそこかしこに見え、二月九日の手紙には、パリと比べて、「わたしハみやこのにぎやかなやかましいところよりもきたなくてもこんなしづかないなかのほうがすきです」と書いている。[*60] なお、バルビゾンを回想した文章の後半では、フォンテーヌブローについて触れている、黒田は、一八八七年六月三日の父宛ての手紙にフォンテーヌブローについて「仏国中にて名高キ景色のよき地」「さすがに名高キ所だけ景色もよく岩石の間ヲ歩する時ハ日本の山の中でも歩く様な心地致し候」「金銀尽しの御殿ヲ拝見するよりもフヲンテーヌブローノ如き山の中を歩き廻ル方ガ愉快百倍ト存候」などと記しており、[*61] 黒田の中で「田舎への愛着」が深いことがわかる。黒田は回想のなかで、バルビゾンが「非常にハイカラになったさうだ」としながら「ミレー時代と、まだ余り変らない当時に、バルビゾンに居たことを、私は今でも仕合せに思って居る」と記している。[*62] この文章からは、黒田がバルビゾンの「変貌」について、残念に思っているであろうことがうかがえる。黒田の中に残るバルビゾンの記憶はミレーを追体験できるものであった、さらに言えば、追体験できるものでなければならなかったのである。

このミレーの時代のバルビゾンへと向ける黒田の視線は、「画家の理想の生活」にもつながっていく。黒田は次のように記している。

　そんな風で、画かきは、半分猟師の様な、樵夫の様な風をして居て、夜は宿屋に集って話をした、いつも話が自然ミレーやルウソーの事に及ぶのであった。今から思ふと、あれが画家の生活の理想の様な感じがする。巴里で煙草の煙の中で、酒に酔って、白首を相手にして居るのも、美術家の生活であらうが、又バルビゾンのあの頃の様に、素朴な純潔な生活振が、却って本当の美術家の生活だらうと思ふのである。[*63]

黒田にとって「煙草の煙の中で、酒に酔って、白首を相手にして居る」生活は、パリという「都会」での画家の生活であり、それを否定しているわけではないが、それは画家の「理想の生活」ではなかった。黒田が文中「今から思ふと」と記しているところが重要であろう。この文章を書いたとき、黒田は東京美術学校教授であり、文展審査員であり、洋画家として初めての帝室技芸員を務めていた。本稿ですでに記したように、黒田の若い晩年は多忙を極めて、じっくりと絵筆を振るうことがなかなかできない状況にあった。そうした状況にあった自分自身を振り返ってのものかどうかは別にして、バルビゾンを回想するとき、黒田が「理想とする画家の生活」について考えるところはあったのであり、黒田にとってバルビゾンとは、単にミレーやコローが絵筆を振るった場所であるだけではなく、「理想とする画家の生活」が現実のものとして息づいていた場所であったのである。

5　黒田清輝の「船中日記」

黒田が、長い留学期間を終えてパリを離れたのは一八九三年六月十四日朝のことであった。この日から黒田の「船中日記」が始まる。この日、黒田は次のように記した。

とうとうオレの命が之レできれて仕舞ニけりだ　停車場迄送て来た者ハ皆親友の者共計さ先其名ヲ記せバ寺尾　河北　大鳥　吉田　杉田　川村　別れと為ても別ニかなしい事もなニもない　矢張近在ニ遊ニ行時の心地さ*64

しかし、この黒田が記した言葉は強がりであった。黒田は翌日の日記に次のように記すことになる。少し長くなるが、そのまま引用しておきたい。

あんまりおそくなるから甲板から下りて部屋ニ這入ってきてこれから寝ませうとして見るとサアなんだか変だ　変だと云船ニ酔たのかと思ふかもしれないがそうぢゃネヘ　何と無ク別れがつらいとでも云様ナあんばいさ　だが今度の旅ハ又来る事があるわいと云考が充分ニ有ると久し振で帰ると云のと二つあるもんだから九年前に日本を出る時の心地とハ大違だ　なんだ此の辺の海ニ青光の有る事は妙だ　先年ブランケンベルクで和郎や次郎公なんかと砂を海ニなげてピカリピカリとするのを見て樂だ事が有ったなどを思ひ出す　アアモウ事も人もさよならだ　此処に一つの仕合有り　オレの這入る部屋ハ全体二人だが上等客が少ないので独りで押領[*65]

黒田が足掛け十年過ごしたフランスは、黒田にとっては青年時代を過ごした場所であった。文中にある「ブランケンベルク」はベルギーの町で、黒田の親友であったエドワール・ヴァン・ハルトランの別荘があったところであり、黒田も招待されている。[*66]それについては、黒田の日記にも記されている。[*67]また、黒田はフランス語でも日記を記しているが、その中の一八八八年十月十五日のものには「食事や散歩の最中だけじゃなく、とくにひとりぼっちの時には、ブランケンベルクですごした心地好い日々を思い出す！　あの名家は、まったくもって感嘆するほかない〈ほどすばらしい一家だ〉。たとえどんなに上手であろうとも、〈この幸せで子沢山の一家〉公証人ヴァン・ハルトラン氏ほどうまく安らぎを表現できる詩人も画家も、この世の中にいやしない！」とあり、[*68]ヴァン・ハルトラン一家のことを大絶賛している。帰国の途についた黒田は、船中でブランケンベルクを回想したとき、親友ヴァン・ハルトランのことを思い出していたにちがいない。

また、六月十八日には次のように記している。

今日ハお天気ハ先曇勝　此の辺の海ハブレハ辺とそんなニ色ハ違ハない　夕方などハ特ニブレハの北海の事

など思ヒ出すわい　武烈玻の時代ももう一と昔と為て今から考へると矢張妙な考ニ為る　久米や河北や次郎公なんかもこんな心地ニ為るか知らん　アア過去し事と云ものハいいもんだ[*69]

黒田は、一八九一年と九二年の二度、ブレハ島を訪れている。ブレハ島とはブルターニュ半島北岸に位置する小さな島で、グレーと同じくブレハ島も一種の「芸術家コロニー」となっていた。黒田はブレハ島で「ブレハの少女」「ブレハの海岸」「ブレハ島にて」などの作品を残している。黒田がブレハ島を訪ねたのは「波の画等[*70]」を研究するためであったが、松島に似ているその風景を黒田は、九月二十四日付け、父宛ての手紙において「此の島ハ誠ニ景色よき処の上生活安く先づ西洋の極楽ニ御座候」「先づ西洋で今迄見たる内ニてハ此の地が第一ニ御座候」と書いている。[*71]なお、帰国してすぐに北海道旅行をした黒田は、室蘭を訪れた一八九四年五月二十一日の日記に「雨の降る景色ハ海の色から向岸の山の色から丸でブレハ辺の様だ[*72]」と記しており、黒田がブレハ島に強く魅かれていたことがわかる。船中からの海の景色に、黒田は久米や河北道介、中村次郎らと過ごした日々を思い出し、しばしの郷愁に耽ったのであった。また、六月二十日の日記には「時ニ十一時也　部屋ニ這入てネようとして見たがなんだかいろいろと巴里辺の事が頭に浮で来てネむられず　書物を開てしばらく読む[*73]」と記し、翌二十一日には「アア時の立つのハ早いもの　前週の今朝ハ寺尾の板の間で目をさましたのだったがもう今と為てハ巴里も友達も皆もうだめだ」と記している。[*74]フランスを離れてわずか一週間のうちに、黒田の頭の中にはフランスやベルギーでの思い出が次々と浮かんできたようである。

そして、六月二十三日の日記には、米国人の知人、アレキサンダーと将来のことを話し合い、「どうしても成る可く早く再ビ巴里ニ出て来ると云が二人の考の極のつまり也」と記している。[*75]しかし、黒田が再びフランスの地を踏むのは、それから六年を経た一九〇〇年のことであった。しかし、このとき、黒田は同年七月二日の日記に意外なことを書いている。ここも、少々長くなるが、そのまま引用することにしたい。

今日はコルシカ島の方角へ向って進む　今の様子ではコルシカ島の脇ニ行くのはたぶん今夜の十二時以後だろう

午後一時頃に寒暖計は二十七度の少し上に為って居た　華氏の八十度一寸上だ　海は青白く至而平だ　アアもう今日明日でいよいよ仏国ニ着く事と為ったが気持の上からは一向に平気だ　五六年前に仏国から帰りたてにあれ程に再び行き度いと思った其仏国ニ近づいたとは更ニ思ハれない　此の事は吾ながら不思議ニ思ふ　同じ処を見ても同じ事ニ出逢っても人と云ふものは只其境遇でよくも悪しくも思ふものだ　五六年前には日本へ帰りたてで総ての事が気ニくハず夫れに今少しせめて三四年丈でも修行して立派な者ニ為りたいものだと云考が有ったもんだから再び行き度いといふ念が火の燃えるやうにさかんであった　ところが色々な事で時が立って仕舞ひ今日でハ日本の方でする仕事も段々出来てくる　それに修業の為又三四年も行くと云ふ事ハ兎ても叶ハぬ願と知り望といふ事ニも限りをつけてあきらめなければならぬ次第と為って来た　此の時に当って成る限りある仕事丈の為めニ仏国へ行くのだから今では仏国ニ近づいても案外ニ冷淡であるのだらう[*76]

黒田にとって第二期のフランス留学とは何であったのであろうか。それは第一期のものと何が違っていたのであろうか。言うまでもなく、第一期は純粋に「画学」を学ぶ学生として、期限を限られずに過ごしたものであったのに対し、第二期はわずかに一年という限りのあるものであり、さらに文部省より絵画教授法研究を命ぜられて、仕事として赴くことになったものであった。先述のとおり、黒田はバルビゾンに「画家の理想とする生活」を見た。それを記すのは、このときからさらに十年以上が経ってからのことであるが、すでにこの第二期フランス留学時代に、そのことを痛切に感じ取っていたのではないであろうか。

しかし、だからといって、黒田の第二期フランス留学時代が無意味であったわけでは、もちろん、ない。黒田は一九〇〇年のパリ万国博覧会に「智・感・情」「湖畔」「木かげ」「寂寥」を出品し、「智・感・情」で銀賞を受賞している。画家として、黒田は立派にその仕事を果たしてみせたのである。

おわりに

以上、黒田の第一期フランス留学時代について、主として黒田の残した回想や回顧談を用いて考察してきた。あらためて、黒田にとって、第一期フランス留学時代とは何であったのであろうか。一言で言えば、それは黒田の自己形成期であった。まさにこの時期に黒田は法律から絵画へと転身し、後の「日本近代洋画の巨匠」黒田清輝となる礎を築いたのである。

しかし、ややノスタルジックに言えば、それは黒田の青春時代であったであろう。黒田が第二期のフランス留学で訪ねたのはやはりコランのもとであった。そして、回想文に見られたようにブロールにいるはずであったベゴウ一家のところであった。黒田にとって、第一期フランス留学時代は何物にも代えがたい大切な記憶として残った。それはフランスを離れて六年を経ても忘れ去られることなく強く残っていた。黒田の第一期フランス留学時代はまさに黒田の青春時代そのものであったのである。

注

1　例えば、次のようなものがある。隈元謙次郎、「滞仏中の黒田清輝（上下）」、『美術研究』一〇一、一〇二、一九四〇年。三浦篤、「黒田清輝とフランス絵画」、『生誕150年　黒田清輝　日本近代洋画の巨匠』展図録、二〇一六年、所収。同、「黒田清輝――『公』と『私』のはざまで揺れる日本近代洋画の確立者」、三浦信孝編、『近代日本と仏蘭西――一〇人のフランス体験』、大修館書店、二〇〇四年、所収。三輪英夫、「黒田清輝――その生涯と作品――」、『黒田清輝展――近代日本洋画の巨匠』展（茨城県近代美術館）図録、一九八九年、所収。田中淳、「序論　黒田清輝の生涯と芸術」、『没後90年　近代日本洋画の巨匠　黒田清輝展』、二〇一四年、所収。山梨絵美子、「黒田清輝の描く『田園の労働と休息』の主題をめぐって」、同上、所収。小山ブリジット、奥田勝彦訳、「黒田清輝への新たなまなざし」、『黒田清輝フランス語資料集』、二〇一〇年、所収（以下、『資料集』と略す）。

2　黒田清輝、『絵画の将来』、一九八二年、中央公論美術出版、二一三頁。

3　同前。

4　同前、二一七頁。

5　同前、二〇三－二〇四頁。

6　三浦篤、「黒田清輝――『公』と『私』のはざまで揺れる日本近代洋画の確立者」、三浦信孝編、『近代日本と仏蘭西――一〇人のフランス体験』、大修館書店、二〇〇四年、一四七頁。なお、グレーに関する文献としては次のものを参照。荒屋鋪透、『グレー＝シュル＝ロワンに架かる橋　黒田清輝・浅井忠とフランス芸術家村』、ポーラ文化研究所、二〇〇五年。

7　黒田、前掲書、七三－七四頁。

8　同前、九二頁。

9　同前、九二－九三頁。

10　三浦、前掲論文、一六三頁。

11　東京文化財研究所企画情報部編、『黒田清輝著述集』、中央公論美術出版、二〇〇七年、五五三頁。以下、『著述集』と略す。

12　例えば、隈元謙次郎編、『黒田清輝日記』（第一巻）所収の二月九日付け日記や三月二十一日付け、母宛ての手紙を参照。以下、『日記』と略す。
13 大給近清、「黒田先生の嗜好」、『国民美術』第一巻第九号、一九二四年、二〇八頁。
14 黒田、前掲書、二〇九頁。
15 前掲、『日記』(第一巻)、十四頁。
16 同前、一八四頁。
17 前掲、『著述集』、三二四頁。
18 前掲、『日記』(第一巻)、二七頁。
19 前掲、『著述集』、三二四頁。
20 前掲、『日記』、五五-五六頁。
21 「山本芳翠氏の逸話(中)」、前掲、『著述集』、三二六頁。
22 黒田、前掲書、九五頁。
23 この点については、三浦篤、「ラファエル・コラン――日本を愛した『ダフニスとクロエ』の画家――」、『ラファエル・コラン展』図録、一九九九年、二三頁参照。
24 前掲、『日記』、五八頁。
25 同前、八三頁。
26 黒田、前掲書、九六頁。
27 同前、九九頁。なお、このエピソードは、一八八八年十一月十八日付け、母宛ての手紙でも記されている(前掲、『日記』(第一巻)一二二-一二三頁)。
28 臺信祐爾、「黒田清輝の仏文手紙控えと口記をめぐって――120年後の現地踏査と邂逅――」、前掲、『資料集』、五五五頁。
29 これらは、前掲、『日記』(第四巻)、一二二七-一二二八頁に記されている。
30 これらは、黒田、前掲書、一六四-一八三頁に掲載されている。

31 同前、一七二頁。なお、黒田がルーヴル美術館で行った模写については、美術史家、高階秀爾の「黒田清輝におけるオランダとイタリア」を参照（高階秀爾、『日本絵画の近代　江戸から昭和まで』、青土社　一九九六年、所収）。高階は、同論考において、ルーヴル美術館資料室に保管されている、模写希望者への発行許可証の「原簿」を調査し、「クロダ」の名前を二か所見出すことが出来たと記している。高階は、黒田の書簡と照らし合わせて、「クロダ」が「黒田清輝」であると確定し、黒田が模写した二点が、オランダ派、ハブリエル・メツゥの「ヴァージナルの授業」と同じくオランダ派、マインデルト・ホッベマの「水車」であると記している（その後、美術史家、高階絵里加の再調査により新たに模写作品一点、レンブラントの「瞑想する哲学者」が追加されている）。黒田のオランダ絵画への強い関心をうかがうことが出来る。

32 前掲、『資料集』、一八二頁。

33 黒田、前掲書、一六六－一六七頁。

34 同前。

35 三浦、前掲論文、「ラファエル・コラン」、二四頁。

36 黒田、前掲書、一六四頁。

37 前掲、『日記』（第一巻）、七三頁。

38 前掲、『資料集』、二七八頁。

39 前掲、『日記』（第一巻）、一四五頁。

40 黒田、前掲書、二〇八頁。

41 同前、二〇九頁。

42 同前、二一一頁。

43 同前。

44 同前、二一二頁。

45 同前。

46 前掲、『資料集』、二二四頁。
47 前掲、『日記』、一六九頁。
48 同前、一七〇頁。
49 黒田、前掲書、二一三頁。
50 同前、二五五頁。
51 同前、二〇八頁。
52 マリア・ビヨーについては、重要な人物であることは間違いないが、黒田は回顧談や回想文には残していないので、本稿では触れない。なお、久米は「亡友黒田清輝とフランスに居た頃」の中で、「黒田がグレーに留りその最初の製作に取り掛ったのは、此土地の風景に魅せられたよりは、マリヤ・ビヨーといふ田舎女のモデルを発見したからであった」と記している（久米桂一郎、『方眼美術論』、中央公論美術出版、一九八四年、一四四頁）。
53 同前、「風景画に就て」、二一三頁。なお、久米は「黒田清輝小伝」の中で、グレーにいた外国人画家たちが「残らず印象派の描き方をしてゐるので、我々も自然それに興味を持って来た」と記している（同前、一五九頁）。
54 前掲、『日記』（第一巻）、一六八－一六九頁。
55 同前、一二五頁。
56 黒田、前掲書、二〇四頁。
57 同前、二三四頁。
58 同前、二三五頁。
59 山梨絵美子、前掲論文、一九頁。
60 前掲、『日記』（第一巻）、一二七頁。
61 同前、八七－八八頁。
62 黒田、前掲書、二二五頁。
63 同前。

64　前掲、『日記』（第一巻）、三一八－三一九頁。

65　同前、三三一頁。

66　前掲、『日記』（第一巻）、九一頁に掲載されている、一八八七年八月五日付け、父宛ての手紙には、「白耳義国友人バルハルトラント申者度々手紙ヲ呉れ是非此ノ休暇中ブランケンベルクト申海岸ノ同人ノ家へ遊ヒニ来れとの事故奮憤発シテ出掛ケンカト存候」とある。

67　例えば、同前、一一五－一一七頁。なお、黒田は、一八八七年九月十六日付け、父宛ての手紙に「実ニ此ノベルジク国ニ来れバ本国にでも帰へりたる様な心地致し候　又当地在留の書生ハ皆々学問も有り人物よき人達にて巴里に帰へり度なき様な心地致し候事に御座候」と書き、よほどベルギーが気に入っている様子がわかる。

68　前掲、『資料集』、一一七頁。

69　前掲、『日記』（第一巻）、三二八頁。

70　同前、三三二頁。

71　同前、三三四頁

72　同前、『日記』（第二巻）、三四一頁。

73　同前、『日記』（第一巻）、三三三頁。

74　同前。

75　同前、三三四頁。

76　同前、『日記』（第二巻）、五六〇頁。

V 商店街景観から読み解く昭和ノスタルジー

——大分県豊後高田市の「昭和の町」に注目しながら——

土屋　純

はじめに

本書では序章において、ノスタルジーとは、時代、場所、人に対して抱くものと定義した。すなわち、現在の自分から遠く離れた時代、場所、人に対して、ある種の理想的なイメージを付与する行為である。特に、過去の記憶は浄化されていくとともに、現在の自分の置かれた状況と比較して、ノスタルジックな思いをはせる。本章では、平成の日本人が、「昭和」という時代、「商店街」という場所、に対してノスタルジーを感じていることに注目し、景観とノスタルジーとの関係について議論したい。

景観は人々にノスタルジーを感じさせる力があるのか。景観はそこに存在するものであり、人間は視覚を通して景観を感じている。言語によるコミュニケーションなどと比較すると、景観の人間に対する働きかけは弱いであろう。しかし、人間は視覚的情報から様々なことを読み取り、意識や考えに影響を与えている。景観のみでは人間に対する影響力は弱いかもしれないが、景観という視覚的情報をベースとして、聴覚的、触覚的、味覚的情報が加われば、人間はそうした情報から様々な感情を生み出すことができよう。ノスタルジーも一種の感情（あるいは思考といってもいいかもしれない）であるので、景観からもノスタルジーを感じることができると考える。

本章では「昭和」ノスタルジーを感じさせる景観について考察したい。本章では商店街という商業空間・場所を題材とする。昭和の時代において商店街は人々が買い物する中心的な場所であった。街の中心部には商店街があり、人々は集まり、賑やかな場所であった。人々の移動手段は公共交通機関が中心であり、公共交通機関のネットワークが集まる都市中心部、中心商店街に人が集まっていた。しかし、平成の時代に入るとモータリゼーション（自動車の普及）が進み、地方都市を中心として郊外のロードサイドが買い物の中心となった。自家用車を手に入れると人々は自由な移動が可能となり、自家用車でアプローチしやすい郊外地域にロードサイドショップが展開していったのである。現在、地方都市を中心として中心商店街は衰退し、シャッター通り化している。

いま人々は、商店街の賑わいにノスタルジーを感じる。二〇〇〇年代に入って昭和ブームが発生しているが、昭和の人々の姿を題材とした映画、例えば『ALWAYS 三丁目の夕日』では、商店街を舞台とした人間模様が描かれている。なぜ平成のいま、昭和の商店街にノスタルジーを感じるのか考察していきたいと考える。

本章では、以下のような手順で論考を進めていきたい。第一に、昭和の「商店街」と平成の「郊外ロードサイド」を比較して、買い物や流通の変容についてまとめる。第二に、昭和の時代に栄えていた商店街を、テーマパーク的手法で復元し、観光客を中心に集客に成功している大分県豊後高田市の「昭和の町」プロジェクトを題材として、昭和ノスタルジーを喚起する景観まちづくりについて紹介し、その景観上の特徴についてまとめる。第三に、昭和の商店街という景観になぜノスタルジーを感じるのか、第一に、モダン景観とポストモダン景観に関するエドワード・レルフの論考、第二に、社会学・メディア学による昭和ノスタルジーに対する従来の研究、を紹介しながら、考察していきたいと考える。

なお、本章で考察対象とする景観であるが、そのタームに対する地理学的な議論については土屋（二〇一六）にまとめたのでご参照いただきたい。

1　商店街から郊外ロードサイドへ

日本の流通において、その中心が商店街からロードサイドショップに転換したのは、一九九〇年代、すなわち平成時代に入ってからである。一九九〇年代以降における郊外ロードサイドショップの成長については、経済地理学

表1　昭和の商店街と平成のロードサイドショップの違い

	昭和の商店街	平成のロードサイドショップ
商店構成	・さまざまな業種の個人商店 ・商業集積全体でさまざまな商品の買い物機会を提供する	・チェーンストア ・駐車場を設け、自家用車利用の買い物客を吸引する
各商店・店舗の経営状況	・対面販売 ・自宅兼店舗が中心、家族労働 ・日常会話も含まれた接客コミュニケーション ・販売者と消費者の関係だけでなく、地域住民同士の関係でもある	・セルフサービス ・パートタイマー、アルバイター中心 ・マニュアルによる機械的な接客 ・純粋な販売者と消費者の関係

の分野から様々な研究がなされてきた（荒井・箸本二〇〇四、荒井・箸本二〇〇七、土屋・兼子二〇一三）。ここでは、これからの研究を参考にしながら昭和の商店街と平成のロードサイドショップの違いについてまとめていきたい。**表1**はそれをまとめたものである。

一　昭和の「商店街」

昭和の時代、買い物先の中心は商店街であった。特に、規模の大きい中心商店街には百貨店などの大型店舗も立地していて、都市の中心地であり集客力のある場所であった。中央商店街は町の顔であり、週末は地域住民が集まる賑わいの中心であった。

そうした商店街では、個人商店が中心で、さまざまな業種店によって構成されていた。業種店とは、商業統計によると主に販売する商品によって区分される。例えば、酒を販売する「酒小売業」（酒店）、野菜等を販売する「野菜・果実小売業」（八百屋）など、さまざまである。こうしたさまざまな商品を取り扱う商店が集積することによって、地域住民にさまざまな商品を一度に購入できる機会を提供してきた。

商店街には広域型、地域型、近隣型が存在する。大都市の中心商店街は「広域型商店街」であり、主に買い回り品と呼ばれる衣料品などの比較的高価な商品を取り扱う商店が集まっている。買い物客は、買い回り、すなわち様々な商店で商品を比較しながら買い物していた。このように商品のデザイン、質、価格などを比較することができる商店街は買い物客にとって便利な場所であった。広域型商店街では、消費者の来訪頻度は少ないが、遠方からも消費者が来店することによってその規模を維持してきた。広域型商店街への交通手段は鉄道などの公共交通機関が中心的である。都市中心部から四方八方に向かってバス路線が通じており、週末になると多くの買い物客が路線バスに乗ってやって来る。

次に「地域型商店街」は、中小市町村の中心部に展開する商店街で、顧客の範囲は主にその市町村の住民である。広域型ほど大規模ではないが、日常生活を送る上で必要なものを取り扱う各種商店によって構成されていた。そして、都市内部の住宅地などには「近隣型商店街」が存在していた。おもに最寄り品と呼ばれる食料品などの日常的な商品を取り扱う商店によって構成され、利用客は近隣の住民が中心である。小規模な商店街であり、都市内の様々な場所に存在していて、それぞれが小さな商圏を確保して、お互いに存続していた。

しかし、平成の時代に入ると商店街は急速に衰退してしまうこととなる。地域型、近隣型の商店街は、その衰退が急激に進み、シャッター通りと呼ばれるほど廃業した商店が連なる商店街が見られるようになった。その原因は、地方都市を中心として生じている郊外ロードサイドにおける商業発展である。広域型、特に超広域型商店街、例えば、銀座などの全国的な商店街、あるいは、仙台などの広域中心都市（地方中枢都市）などの中心商店街は、その拠点性から商店街としての機能、地位を維持することができるが、広域型でも大都市以外の商店街、県庁所在都市にある中心商店街においてはその衰退が見られるようになった。

商店街の各商店は、自宅兼店舗である場合が多い。よって、商店街は商業地域でもあると同時に居住地域でもあることから、商店街の中に地域社会が存在する。しかし、商店主の高齢化や後継問題、そして郊外ロードサイドとの競合などの要因によって各商店の廃業が進んでしまうと、商店街は居住地域としての性格が強くなりシャッター通り化してしまう。

二　平成の「ロードサイドショップ」

一方、ロードサイドショップとはどのようなものであるか。平成の時代に入ると、日本各地の都市郊外においてロードサイドショップが成長している。ロードサイドショップは比較的規模の大きい店舗によって構成され、さまざまな専門店が広い駐車場を併設して営業している。

もともと、ロードサイドショップはアメリカ合衆国で誕生したものである。モータリゼーションが世界の国々においていち早く進んだアメリカ合衆国では、人々の移動手段として自家用車がいち早く利用されていた。国土は広大で各都市も伸びやかに造られており、ニューヨークなどの大都市を除いて地下鉄などの公共交通機関の整備は進んでいなかった。二〇世紀中頃には日常的な買い物の移動手段として自家用車は中心的なものとなり、自家用車でアクセスしやすいよう郊外のロードサイドに、広い駐車場を併設した店舗が立地するようになる。マクドナルドもいち早くロードサイドビジネスに乗り出した企業の一つである。都市地理学者のブライアン・L・ベリーは、郊外に形成された幹線道路沿いに細長くロードサイドショップ連なる商業集積のことを「リボン状の商業集積地」と名づけた（ベリー一九七二）。

では日本ではどのような過程を経てロードサイドショップが作られるようになったのか。三浦（二〇〇四）の『ファスト風土化する日本』で紹介されている日本におけるモータリゼーションの状況についてみてみたい。日本の国土における舗装道路の総延長であるが、一九七三年の二六・二万㎞から二〇〇〇年の一一一・八万㎞となり、約五倍増である。その結果、日本の道路の舗装率は一九七三年の二四・三％から二〇〇〇年の七六・四％と拡大した。一九七〇年代に日本列島改造論が唱えられてから、日本の国土はモータリゼーションを支えるインフラ整備が進んだのである。その結果、日本人の自動車保有台数は、一九七九年の三、六五六万台から二〇〇一年の七六四三万台となり、約二倍に増加している。

このような国土改造、そして自動車の普及は昭和から平成にかけての日本経済を変革させた要因であろう。こうして整えられたロードサイド環境がビジネスチャンスとなり、それに挑戦したチェーンストアが大企業になっている。例えば、ユニクロやGUというブランドを展開しているファーストリテイリングであるが、もとは山口県で創業した衣料品の商事会社であった。一九八四年には広島市の都心部で初めてのユニクロ一号店を開店するが、翌年の一九八五年には山口県下関市にロードサイド型店舗一号店を開店する。その後、積極的にロードサイドショップを展開していき、バブル経済が崩壊した一九九〇年代においても品質が良く低価格な定番の衣料品を取り扱う専門店として成功していくこととなる。このような商品販売を実現するために、市場開放しつつあった中国での商品生産を拡大させていった。このように、ファーストリテイリングは一九八〇年代後半から一九九〇年代にかけての郊外ロードサイドのビジネスチャンスを生かして成長した企業なのである。

郊外ロードサイドでの小売業の立地展開を促進した要因としては、一九九〇年代から進められた大規模小売店法（大店法）の運用緩和である。大店法は中小規模の個人経営の商店を保護するために一九七三年に施行された。一九八〇年代には改正大店法による大規模店舗（売場面積五〇〇平方メートル以上）の立地規制がより厳しくなり、スーパーなどの立地が大変難しくなった一方、コンビニを代表とする規制対象外の小規模店舗が発展した。しかし、一九九〇年代に入ると大店法の運用緩和が実施され、大型店舗の立地が容易になった。都市中心部ではすでに商業集積が形成されていて、新たに大型店舗を立地させるために必要な空地は限られていた。そうした中、自動車利用の顧客を集客することが可能で、比較的広い区画の土地が確保できる郊外地域を中心に、ショッピングセンターやロードサイドショップなど大規模店舗が立地していったのである。

ロードサイドショップとはさまざまなタイプの店舗が存在しているが、共通点としては取り扱う商品カテゴリーを限定する専門店型が多く、低価格販売を主体としている。販売方式はセルフサービスであり、パートやアルバイトを中心に雇用していて、接客はマニュアルで規定されており、効率的な販売・運営が追求されている。それに対して、商店街の個人商店では対面販売が中心で、顧客と距離が近い特徴がある。このように郊外ロードサイドショップは、効率的に多くの消費者をさばく仕組みとなっているのである。

二　商店街の景観と昭和ノスタルジー：大分県豊後高田市の「昭和の町」から

本章では平成の時代において「昭和の商店街」に対して感じるノスタルジーを分析していく。商店街をテーマパーク的手法によって再生させた、大分県豊後高田市の「昭和の町」の景観まちづくりプロジェクトについて紹介し、その景観形成のプロセスを整理するとともに、「昭和の町」を昭和の商店街の景観として位置付けた上で、その景観上の特徴を郊外ロードサイドの景観と比較しながら明らかにしたいと考える。昭和の町プロジェクトについては、日本政策投資銀行大分事務所（二〇〇四）を参考にした。

(1)　大分県豊後高田市の概要

まず、豊後高田市の概要を説明したい。豊後高田市は、大分県北部に位置し、国東半島の付け根に位置している。豊後高田市の人口は、二〇一七（平成二九）年三月一日の段階で二二、五六二人であるが、一九七〇（昭和四五）年には三三、五六一人を数え（現在の豊後高田市の範囲において）、その中心商店街は昭和四〇年代までは国東半島において最も栄えた商店街であった（**写真1**）。

写真１　大分県豊後高田市「昭和の町」（2017 年 11 月）

豊後高田市にはかつて大分交通の宇佐参宮線の駅が立地していており、国東半島の各地から豊後高田駅に向かうバス路線が集まっていた。そのため国東半島の人々が様々な方面へ向かう際に通過する場所であったため、豊後高田市は中心商店街として栄えることができた。しかしその後、一九六五（昭和四〇）年に宇佐参宮線が廃止されるとその拠点性を失うこととなり、商店街の利用客は近隣の地域住民が中心となってしまう。一九八〇年代以降になると豊後高田市の郊外地域で大型店舗の出店が加速していき、一九七〇年代から市人口数も減少していった結果、商店街の利用客は激減してしまった。一九九〇年代には、「犬と猫しか通らない」と言われるほど寂れた状態となっていた。

(2)　昭和の町プロジェクトの成り立ちとその後の経過

「昭和の町」プロジェクトは、この商店街に賑わいを取り戻すために二〇〇一年（平成一三）に始められた活性化策である。一九九〇年代にはいると、比較的若い商店主だけでなく、豊後高田市、豊後高田市商工会議所において商店街の衰退に危機感を抱いていた。一九九二年には、商店街を解体し、新しい施設型の商業集積を開発する計画も立ち上がったが、バブル経済の崩壊とともに計画が破棄される。商店主や商工会議所の若いメンバーが中心となって「豊後高田商業まちづくり委員会」が立ち上げられ、新たな活性化策を生みだすため活動が始められる。活性化の拠点と位置づける豊後高田市の中心市街地の歴史を調べ、地域にどのような資源があるのかを一枚の地図にまとめた「豊後高田市ストリート・ストーリー」が出来上がる。それから見出されたのは、昭和の姿を止めた商店街とまちの姿であった。

豊後高田市の中心商店街は、一九六五（昭和四〇）年の駅廃止から急激に客足が途絶え、商店街が衰退してしまったが、その結果、各商店の建て替えが進まなかった。平成の時代においても昭和三〇年代以前の古い建物が約七割も残っていることが判明し、大規模な開発ではなく残された資源を生かしていく術を考えることとなった。そして一九九〇年代には、全国各地で昭和をテーマとした博物館や施設が建設されていることを知り（新横浜ラーメン博物館など）、「昭和」を切り口とした活性化策を行うこととした。各商店の外装をリフォームするだけで昭和三〇年代の商店街を再現することができることから、等身大の観光まちづくりを目指していくこととなる。

写真２　駄菓子屋の夢博物館の様子（所狭しとコレクションが展示している）

二〇〇一年から「昭和の町」プロジェクトが始まった。九店の商店が昭和三〇年代の外観にリフォームすることから始め、その後、加盟・連携する商店が増えていき、商店街全体に昭和の町プロジェクトが広がることとなった。昭和の町のテーマパークである「昭和ロマン蔵」が二〇〇二年にオープンし、その中心的な施設である「駄菓子屋の夢博物館」のコレクションが観光客を引きつけていった**写真2**。「駄菓子屋の夢博物館」の館長は、福岡県太宰府市に居住する日本一の駄菓子屋おもちゃコレクターといわれる人物であり、委員会のメンバーによる熱心な勧誘によって豊後高田市に移住してもらって開館に漕ぎ着けた。その後、昭和ロマン蔵ではレストランなどの施設を併設し、昭和の町の中核施設として充実している。

昭和ロマン蔵が開館した二〇〇二年において急激に観光客数が年間二〇万人に増加した結果、観光に対する問い合わせなどが豊後高田市商工会議所に集中することとなった。その対応に追われた豊後高田市商工会議所は、豊後高田市、地域の商店主などと協議し、第三セクター方式の「豊後高田市観光まちづくり会社」を二〇〇五年一一月に立ち上がった。出資金の大半は豊後高田市が提供することとなるが、商工会議所、商店主なども出資して運営されている。現在では、昭和ロマン蔵の収益を基盤としながら、観光プロモーションやイベント開催など、さまざまな活動がなされている。

こうした豊後高田市の「昭和の町」プロジェクトは、地方都市再生の成功例として全国から注目されており、二〇〇六年には第二回JTB交流文化賞優秀賞を受賞し、二〇〇七年五月二八日には昭和の町の活性化を中心とした活性化計画である『豊後高田市中心市街地活性化基本計画』が内閣総理大臣の認定を受けている。

(3) 「昭和の町」プロジェクトの概要

上述のように「昭和の町」は、昭和の時代を再現した商店が並ぶ商店街と、展示施設である昭和ロマン蔵とを中心としている。豊後高田市中心部には、新町一丁目商店街、宮町商店街、新町二丁目商店街、稲荷商店街、中央通り商店街、駅通り商店街、銀座街商店街、中町商店街の八つの商店街によって構成されている。

しかし、商店街のすべての商店が「昭和の町」に加盟しているわけではない。二〇一七年一一月現在において四七商店が加盟している状況であり、以下に説明する四つの再生が商店街全体で実現しているわけではない(図1)。二〇〇一年の当初は九商店の加盟のみであったので、昭和の町が徐々に広まっていったということであるが、加盟している店舗の中にはテナント入居している場合もある(家業をやめていて自宅として使用しているが店舗部分を

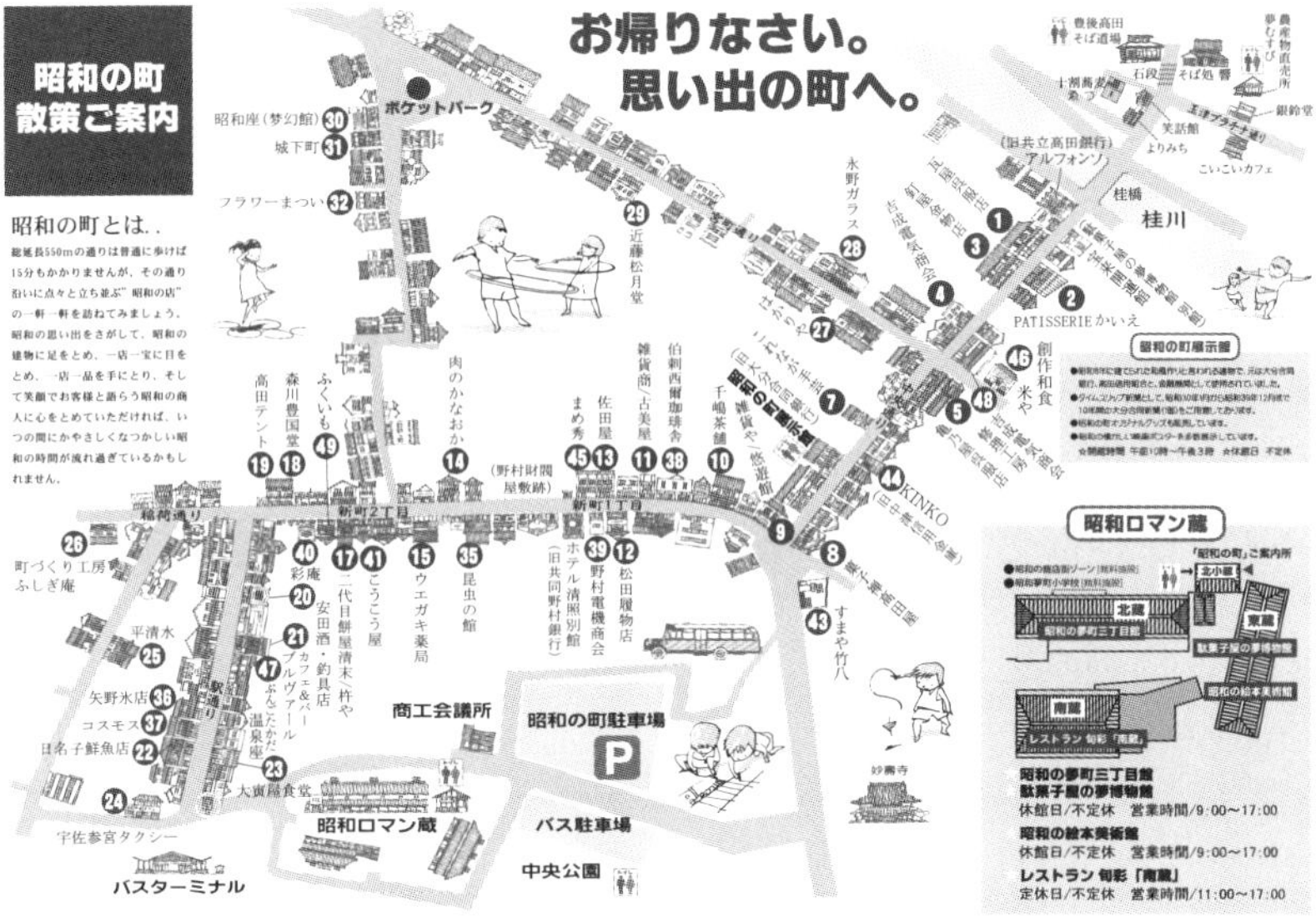

図１　「昭和の町」に参加する商店構成（2017 年５月段階）
出展：昭和の町ウェブサイト

写真３　元銀行の再利用（2017 年 11 月段階では写真展が行われていた）

他人に貸しているケースもある）。ここ数年、昭和の町に魅力を感じて商店街のテナントを借りて、飲食店などを営業する店主も増えてきており、今後はますますそのようなケースが増えていくと考えられる。また、商店街の中には、元銀行などの近代建築物もあり（**写真3**）、そうした建物についてはまちづくり会社によってその再利用が進められている。

景観まちづくりの手法とは何か。昭和の町プロジェクトでは、以下の四つの再生が行われている。第一に、「昭和の建築」の再生である。昭和三〇年代当時の商店建築を復活させることを目指している。八つの商店街を構成する商店の約七割が昭和三〇年代以前の建物であることから、外装を作り変えるだけで（新しい素材の看板、アルミサッシのドアや引き戸を交換する）当時の外観を復元することができる。こうしたリフォームには、まちづくり会社から補助金が支給される。

第二に、「昭和の歴史」の再生である。加盟している商店が昭和三〇年代以前から所有している様々なもの（商品や備品など）を、商店の歴史を物語るものとして昭和のお宝「一店一宝」として店頭に展示している。例えば、電気店の中には、昭和三〇年代に販売していた「三種の神器」（冷蔵庫・洗濯機・白黒テレビ）を展示しているものも存在する。

第三に、「昭和の商品」再生である。加盟している商店が昭和三〇年代に販売していた商品を再生し、逸品として「一店一品」を販売している。**写真4**の商店では、昭和三〇年代に販売していたアイスキャンディを復刻販売している。第四に、「昭和の商人」の再生である。加盟商店の店員は暖かい接客をすることによって「昭和の商人」が行っていたホスピタリティを再生する。

昭和ロマン蔵は（**写真5**）、豊後高田を中心とする資産家の野村財閥が昭和一〇年頃に米蔵として建てた旧高田農業倉庫を改装したものである。昭和の町における集客施設として重要な役割を担っている。昭和ロマン蔵は、四つの施設によって構成されており、「昭和の夢町三丁目館」には、空き地、ミゼット、駄菓子屋、自動車修理工場、

写真4　引き戸や看板が付け替えられた例（2017年11月）

洋装店など、昭和の情景を再現している。「駄菓子屋の夢博物館」は、駄菓子屋とおもちゃの博物館によって構成されている。「昭和の絵本美術館」は、黒崎義介画伯の童画を展示する美術館である。「旬彩南蔵」はレストランであり、昭和の町に訪れる観光客向けに作られたものである。団体客も含めて様々な観光客に対応できるような施設が作られているのである。

　昭和の町に加盟する商店、昭和ロマン蔵をより深く理解してもらうために、観光まちづくり会社では「昭和の町散策」ご案内さんを設けている。各商店や町の歴史について、散策しながら説明することによって、観光客に深く体験してもらうことができる。加えて「昭和の町レトロカー大集合」、「昭和の町周遊ボンネットバス」の運行、など各種イベントも展開しており、昭和という切り口から様々な可能性を模索しているのである。

写真５　昭和ロマン蔵（2017 年 11 月）

　こうしたプロジェクトによって多くの観光客が訪れるようになっている。観光まちづくり会社がまとめた観光客数の推移を見てみると、プロジェクトが始まった二〇〇一年には二五、〇一二人であったが、駄菓子屋の夢博物館が開館した後の二〇〇三年には二〇二、〇三四人に急増し、その後順調に数を伸ばしていった結果、二〇一一年には四〇一、三〇六人になった。その後三〇万人後半をキープしている。かつて犬と猫しか通らないといわれた商店街は、四〇万人弱の観光客が訪れるようになって活性化に成功した。

　最近では映画などのロケ地として活用されるようになっており、「ナミヤ雑貨店の奇跡」という昭和の時代をモチーフとした映画のロケが昭和の

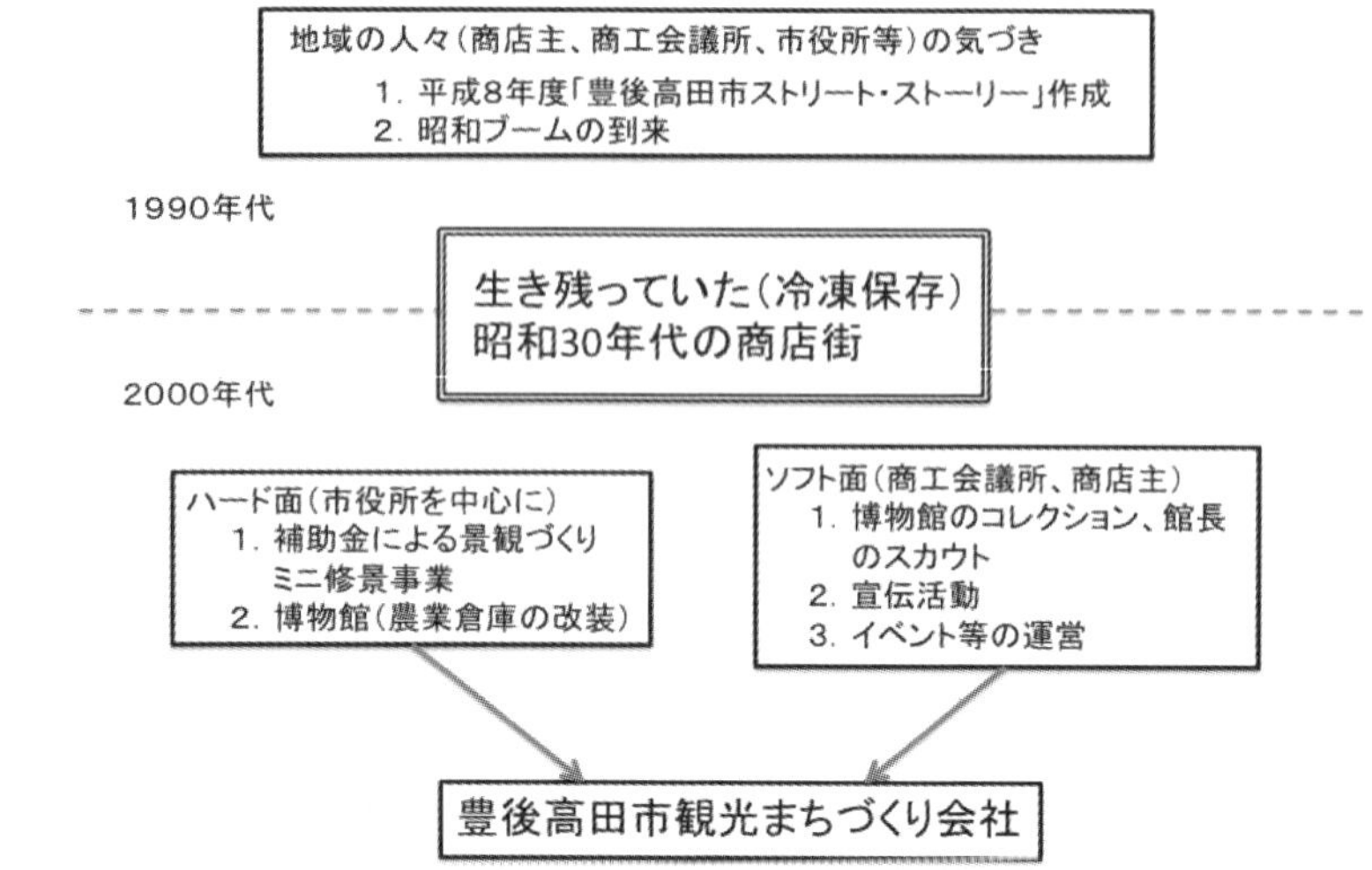

図２　昭和の町・景観まちづくりの流れ（著者作成）

町で行われ、男性アイドル歌手が主演として登場したことから、昭和を生きていない平成世代も多く訪れるようになったという。そうした若い観光客は、昭和の町のさまざまな場所をスマートフォンで撮影し、ＳＮＳで発信して楽しんでいるという。

こうした昭和の町プロジェクトの流れをまとめたものが**図２**である。昭和三〇年代の商店が多く残っていたという特殊な条件はあるものの、若い商店主や商工会議所の努力によって景観まちづくりが成功したといえよう。

(4)「昭和の町」の景観分析

では、「昭和の町」の景観はどのような特徴があるのであろうか。著者による現地観察を元に考察したい。特に、郊外ロードサイド景観と比較しながら、商店街景観の特徴をまとめてみたい。**表２**は、商店街と郊外ロードサイドそれぞれの景観の特徴をまとめたものである。

商店街の景観の特徴は、第一に、景観を構成するさまざまな要素、建物、看板などのサイズが小さいという特徴がある（**写真６**）。商店街において、購買者は歩行しながら散

表2　商店街、郊外ロードサイドそれぞれの景観の特徴（著者作成）

	商店街の景観	郊外ロードサイドの景観
店舗の看板	小さい 商店名（苗字が含まれる）	大きい 企業名（チェーン名） コーポレイト・アイデンティ
色彩	グラデーション的 暖色系、褐色系	原色中心 コーポレイト・カラー
景観からの印象	暖かさ（人間関係） 元気良さ 探検的興味	合理的（低価格） 機能的 利便性

策する。歩行の際、人々の視覚情報の収集は、その多くを前方の光景から入手するだけでなく、左右の光景からも入手する。歩行の際に人間は首を左右に動かすことによって柔軟に四方八方の視覚情報を入手するのである。歩くスピードは緩やかであるので、小さな視覚要素でも十分に入手可能である。

一方、幹線道路を自動車で移動する人間がロードサイドから得られる視覚情報は限られる。ドライブ中は走行スピードがあるため小さな視覚要素を入手することは難しく、特にドライバーの場合、運転するための視覚情報を中心に知覚する

写真6　商店街の小さな看板（昭和の町、2017年11月）

写真7　ロードサイドの大きな看板（群馬県伊勢崎市、2004年2月）

ため、ロードサイドから得られる視覚情報は限られる。ロードサイドショップ側から考えれば、ドライバーを中心とした自動車に乗車している人々に自身の存在をアピールするためには、看板などは大きなものにせざるを得ない。**写真7**は、群馬県伊勢崎市のロードサイドショップの看板の例である。このような看板は走行している自動車に乗車しているものから見れば視覚的刺激が少ないものと感じるかもしれないが、歩行者から見た場合では極めてどぎついものである。

そして第二に、商店街の景観における色彩について見てみると、一つの色に印象が集まることはなく、古い看板や外壁などのようなものの場合、その色は褐色系、暖色系が中心である。全体としてグラデーションのある色彩であるといえよう。一方、郊外のロードサイドの場合、看板などで使われる色合いは原色が多い。そして自動車に乗っている人々を惹きつけるため非常に目につきやすいカラフルなものが多い。このように商店街の景観は〝やわらかさ〟を持ち合わせているが、ロードサイドの景観は〝はっきりした〟あるいは〝どぎつさ〟を特徴としているのである。このように消費者の移動モードの違いによって、看板などの景観要素のあり方は大きく異なるのである。

第三に、看板について書かれている情報についても注目してみると、看板に書かれているものには、商品名などの商店の機能を示すものだけでなく、◯◯商店などの経営主の苗字、あるいは屋号が示されている場合が多い。地方都市の商店街の場合、各商店は自宅兼店舗である場合が多く、そこで生活しながら商いを行っていることが多いが、苗字などを示すということは商店街の住民としての存在を示していることにもなる。商店街に買い物にくる人々はこの商店街の近隣住民であるだけでないので、商店主と買い物客が地域住民として知り合いである場合は決して多くないが、売り手と買い手という経済的関係だけでなく、地域住民同士の社会的関係がある知り合いとして、繋がっているのである。

一方、郊外のロードサイドショップの場合、看板にはチェーン名などの企業名、それを象徴とするマークなどが示される。チェーンストアは多店舗展開することから、どの店舗でも同じチェーンであることをアピールするために同一の看板を掲示する。コーポレイトアイデンティティとしてこうした固定化された視覚イメージを展開し、チェーンストアとしての存在をアピールするとともに、販売者としてのブランドとその機能を示している。チェーンとその客の関係は、売り手と買い手という純粋な経済的関係のみである。ショップで接客する店員も、接客の際にはマニュアルに沿って機械的な対峙することから、客との関係には人間的なコミュニケーションが結ばれることはない。すなわち販売者―消費者の関係である。

写真８　「昭和の町」ウェブサイトで使われている写真（昼間、ボンネットバス）

写真９　「昭和の町」ウェブサイトで使われている写真（夕刻、暖かい明かりに包まれて）

このように、商店街の景観からは、地域、地域で生活している人々、地域の人間関係を想像させるものに満ちている。それに対して郊外ロードサイドの景観は、ビジネス、経済合理性（低価格）、利便性を感じさせるものが中心となっている。商店街の景観では匿名性が低いが、郊外ロードサイ

写真10　昭和から設置されていた看板（2017年11月）

ドの景観では匿名性が高くなっている。看板などの景観を作るサイドから見ると、商店街では地域の「生活者」に向けて作られるのに対し、郊外ロードサイドでは「消費者」に向けて作られるのである。

このような商店街の暖かさ、生活感は、昭和の町のウェブサイトの写真にも盛り込まれている（**写真8、9**）。決して広くない商店街道路をボンネットバスが走り、夕方になると街灯やネオンサインの柔らかな光に包まれる商店街は、昭和ノスタルジーを感じさせずにはいられない。このように、豊後高田市観光まちづくり会社においても、昭和ノスタルジーを積極的に演出している。

また昭和の町では、観光客の散策の楽しみとして景観要素が使われている。商店街を散策すると、さまざまな小さな発見を目にすることができる。昭和のなつかしい看板（**写真10**）や、一店一宝のなつかしいチャラクター商品など、発見の楽しみが数多くある。また、細い路地に入り組み、横町などでは混然とした様子が垣間見ることができ、探検的な好奇心を掻き立てられることもあり、こうした散策は観光客の楽しみとなっている。現代社会ではスピードと効率性が重視されており、通勤、通学だけでなく自動車による移動においても、人々は急ぐことを強いられている状況である。散策の楽しみは、平成時代において益々高まっているのではないだろうか。昭和の町ではこうした小さな景観要素も残されていおり、まるで昭和の時代にタイムスリップしたかのような感覚を得られるのである。

三　昭和ノスタルジー景観の背後にあるもの

上記のように本章では、商店街という景観には昭和ノスタルジーを感じさせることを、郊外ロードサイドとの比較の中で考えてきた。しかし、ロードサイドとの比較のみでは十分な説明になっていないと考える。商店街景観の背後にある大きな文脈について検討することが必要であろう。そこで本論考では、第一に、エドワード・レルフが指摘する先進国諸都市におけるモダン景観からポストモダン景観への転換、第二に、社会学、メディア研究によって明らかにされた平成における昭和三〇年代ノスタルジー・ブームの社会的背景、の二つを取り上げ、昭和ノスタルジー景観の背後にあるものについて考察したい。

(1)　エドワード・レルフの景観論

景観分析の手法、そして、二〇世紀の都市を対象とした景観分析の意義、について重要な議論を展開しているのは、カナダ人地理学者のエドワード・レルフである。レルフは著書『都市景観の二〇世紀』の中で、都市景観を解釈する包括的なアプローチ（トータルウォッチング）について説明している。レルフによる包括的な景観解読法とは、第一に、都市景観を現代的な文化景観としてとらえること、第二に、建築はつねにコンテキストを持ち、周辺の空間と視覚的に結びついていること、第三に、個別な説明より、全体的な理解を優先すること、第四に、目に映るものの全体性から始めて、いくつかの視点から同時に見ること、であると説明している。すなわち、景観を細かく分けてそれぞれを定量的に分析するといった科学的な手法ではなく、対象とする景観全体を眺めながら、社会的、経済的文脈を踏まえて解釈していく、というものである。本章においても昭和ノスタルジーを感じさせる景観の特徴とは何か、そしてその景観の背後にある社会的、経済的文脈を考察し、昭和ノスタルジーを感じる景観を解釈していくこととしたい。

加えて参考にしたいのは、二〇世紀の先進国都市において見られる「モダン景観」から「ポストモダン景観」への転換についての考察である。二〇世紀前半における資本主義社会の経済的成長段階ではモダン景観が先進国を席巻し、一九七〇年代以降の後期資本主義段階になるとポストモダン景観が出現してくると指摘している。

レルフによると、欧米諸国を中心とした先進国では、一八八〇年代よりモダン景観が出現し始めたと指摘する。モダン景観の出現には、第一に、建築に関する技術革新に関連し、鉄筋枠構造とエレベーターの発明によって高層ビルが建設可能となり、高層建築物が集積する「摩天楼」という景観が大都市で見られるようになった。

第二に、都市計画による秩序ある都市景観の出現である。先進国の各都市では、都市環境を快適で秩序あるものにするために、都市全体の見取り図であるマスタープラン（都市計画図）が作成されるようになった。そうしたマスタープランには、近隣住区論、ラドバーン原理、ゾーニングなどの手法が用いられ、特にゾーニングでは、商業地、住宅地などのように、特定の土地利用に収斂させることによって、土地利用の効率化を高めようとしている。二〇世紀中ごろになると都市計画の手法が洗練されるようになり、欧米都市の戦災復興事業や北米での都市更新事業によって、画一的な都市景観が出現するようになった。

第三に、商業主義の景観が出現したことである。場所の歴史的、社会的文脈とは無関係の大看板や企業ごとに統一されたデザインの店舗が群生することとなった。特に郊外のロードサイドショップの景観を「テレビ道路」と名付け、まるでテレビのように次から次へと移り変わるチェーンストアの景観にたいして批判的な解釈を行っている。

このようなモダン景観は、効率的業務と科学的経営という強迫観念に基づいて構築されているとレルフは指摘する。この三つの原理によって都市景観が形成されることによって、どの国でも機能的な環境が構築されるようになるが、それぞれの場所における景観に歴史的、文化的な文脈が消されていくことになると指摘している。このような現象を「没場所性（Placelessness）」と定義しており、二〇世紀の都市景観の特徴であると指摘している。

このような没場所性に対する反動として「ポストモダン景観」であり、それは一九七〇年代より出現し始めたとレルフは指摘する。ポストモダン景観の特徴は、第一に、古風でかっこよくて装飾的であること、第二に、古い建物を修景して商業化した「適合的再利用」が施されること、第三に、老朽化した市街地をトレンディな商店とオフィス、アパートに置き換える「はらわたぬき」開発が見られること、第四に、風情の強化を図る「商業的高級化」、「エイジング」、「ニューイング」といった手法が用いられること、第五に、古い風情の「懐古空間」の演出が施されること、第六に、新しい建築物に「歴史志向建築」が採用され、地域にない景観要素を持ち込んで面白いアクセントを付与する「カフェテリア的手法」が用いられること、などといった特徴があると指摘している。

このようなポストモダン景観に出現によって、都市景観は「多様性の中の退屈」なものになっていったと指摘する。すなわち、機能的なモダン景観のつまらなさを克服するために、突飛なものを含めたさまざまな景観的アクセントであるポストモダン景観が作り出されてきたのである。このような地域の歴史的、文化的な文脈とは関連しない景観が多く作り出されるようになった結果、景観が多様なものになったが、陳腐で退屈なものも増えていった、とレルフは厳しく批判している。

(2) 昭和三〇年代に対するノスタルジーとは

次に、社会学研究、メディア研究による昭和ノスタルジーの考察について紹介したい。このような昭和を象徴する様々なモノ・コト・ヒトに対して、なぜ人々はノスタルジーを感じるのであろうか、さまざまなメディアを通して分析されている。

まず、昭和三〇年代、高度経済成長期のノスタルジーとはどのように語られているのか、市川（二〇一〇）は昭和三〇年代の言説を明らかにしており、第一に、貧しかったけれど心は豊かだった、第二に、貧しくても未来は明るかった、第三に、日本人の原風景としての昭和三〇年代、第四に、失ってしまったものがそこにある、の四つを挙げている。平成の時代では社会的格差が拡大し、将来不安を抱く人々が増えていったが、昭和三〇年代という貧しかったかもしれないがみんな同じ（対等）であった社会にある種の理想を抱き、もう取り戻すことができない暖かい社会を感じていると指摘する。

日高（二〇一三）は、昭和ノスタルジーについて映画、テレビ番組、アニメなどのメディアに対する考察を展開している。『ALWAYS 三丁目の夕日』など、昭和の中でも昭和三〇年代を題材とした作品が多いことを指摘しており、そうした作品によって昭和三〇年代の集合的なノスタルジーを提示され、昭和ノスタルジー・ブームが形成されたことを指摘している。NHKの番組『プロジェクトX』に対する分析では、昭和のバイタリティや夢の大きさ等をテーマとして展開することによって、人々に対して日本人のアイデンティティを取り戻すことを暗に求めていることを指摘している。

浅岡（二〇一二）は、昭和ノスタルジーの発生した時期を分析している。一九九〇年から二〇〇九年までに発行された新聞を資料として、「昭和」「懐かしさ」「レトロ」「ノスタルジ」を検索ワードとして記事検索をしたところ、二〇〇〇年代に入って「昭和」が多く抽出されたことを明らかにしている。さらに、平成における日本人劣化言説を分析しており、若い世代よりもより中高年の世代が、戦後・高度経済成長期の日本人に比べて平成の日本人は劣化しているのではないか、と考える傾向にあることを指摘している。特に、教育・しつけ、道徳・モラルといった側面で劣化が激しいので回復すべきという考えが広がっているとする。このような劣化意識の蔓延が昭和三〇年代を理想的な社会の一つとして位置づけられるのである。

青木（二〇一一）は、昭和三〇年代ブームが一九九〇年代後半から二〇〇〇年代にかけてどのように展開して行ったのかについて考察している。一九九〇年代後半は、昭和三〇年代への注目が増した時期であり、駄菓子、玩具などといった昭和の様々なモノ・コト・ヒトが評価された。これを青木は「断片化（キッシュ）」のプロセス、すなわちそうしたモノ・コト・ヒトが当時の時代的な文脈から切り離され、玩具などそのものの面白さや可愛らしさが強調されたと指摘している。そして二〇〇〇年代に入ると本格的な昭和三〇年代ブームが生じるが、昭和三〇年代における生活様式、生き方、働き方などの特定のイメージが再構成されたと指摘する。これを「概念化（イデオロギー化）」のプロセス、過去の一時代をある種の理想的な社会が展開した時期として位置づけていくのである。このような概念化・イデオロギー化は、市川（二〇一〇）や浅岡（二〇一一）が指摘するように、平成時代の閉塞感が背後にあることによってもたらされるのである。

(3) 商店街の昭和ノスタルジーとは

では今回取り上げた商店街に見られる昭和ノスタルジーは、レルフの景観に関する議論、昭和三〇年代ブームの社会学的・メディア論的議論の中でどのように位置付けることができるのであろうか。

日本におけるモダン景観の出現はいつ頃なのか、この点についてはさまざまな議論があると思われるが、本論考では昭和三〇年代の高度経済成長期と考える。東京タワーや高層ビルなどの建築物が出現した時期であり、モダン景観が広がり始めた時期であろう。しかし、昭和三〇年代はモダン以前の景観も色濃く残存しており、その典型例は商店街ではないか。昭和三〇年代は、モダン景観とそれ以前の景観が混在していた。この混在とは、モダンという発展とモダン以前の暖かい社会の共存であり、活力と暖かさがミックスされた理想的な社会として振り返ることができる。

一九七〇年代において日本全国で道路建設が進み、一九八〇年代になると郊外ロードサイドショップが発展していくが、これはレルフのいう「テレビ道路」というモダン景観の台頭である。さらに一九九〇年代になると商店街は極度に衰退し、郊外ロードサイドが買い物の中心的な場所となった。その結果、消費者は利便性を獲得し、快適な生活をおくることができるが、買い物という日常的な活動の中で地域の人々同士のコミュニケーション機会は失われていくこととなった。

二〇〇〇年代に入って昭和ブームが生じたとき、豊後高田市の「昭和の町」がノスタルジーを感じる場所になったが、ある意味においてポストモダン景観の一つとして位置づけられたと考えられる。すなわち、郊外ロードサイドという没場所性に特徴のある場所が全国に広がる中で、地域の歴史や社会に根ざした場所として「昭和の町」が貴重なものとなり、その景観にノスタルジーを感じることができたのではないか。昭和の町は地域の歴史的、社会的文脈に根ざした場所であり、大胆な景観修正を施して商業的価値の高いものに転換するポストモダン景観の典型例であるとは言えないと考える。しかし、一九九〇年代以降に見られるモダン景観からポストモダン景観への転換が各地で見られるようになった流れに沿ったものであると考える。

豊後高田市の商店街では昭和三〇年代以前の建築物が七割ほど残されているが、昭和三〇年代ブームが生じた二〇〇〇年代にマッチしている。昭和三〇年代という、貧しかったがみんな同じであり、誰もが明るい未来を想像することができた時代は、社会的格差が広がり、若い世代を中心として未来に対して明るい展望を抱けない平成の時代とは対照的である。昭和の町に訪れたとき、昭和三〇年代というある種の理想的な時代にタイムスリップできると考える。

これも「昭和の町」のさまざまな景観が、青木（二〇一一）が指摘する「断片化（キッシュ）」されたことに端を発するであろう。駄菓子屋の夢博物館のコレクション、加盟している商店、復活した商品、店に眠っていたお宝、全てがキッシュなのである。すなわち、そうした1つ1つが時代的、地域的文脈から離れて、そのものの魅力・価値あるものとして観光客に受け入れられたのである。そして、二〇〇〇年代に入って昭和三〇年代が概念化・イデオロギー化されて全国的な昭和ブームになった時、昭和の町という景観が、観光客に対して懐かしさ以上のもの、例えば、元気な日本人、温かい人間関係、を感じさせることに成功しているのであろう。

このように豊後高田市の「昭和の町」について、その景観から生み出される昭和ノスタルジーについて考察してきた。昭和の町がノスタルジーを喚起するのは、商店街の各店舗における景観作りというミクロな活動と、平成における昭和ブームというマクロな文脈が合わさっていることによる。このように考えていくと、マクロな経済・社会的な文脈は時代を経るにつれてそれが変質していくと考えられるので、これからの未来において昭和の町がどのように位置付けられていくのか、特に、昭和を生きていない世代が社会の中心となっていく中でノスタルジーを維持することができるのか、興味深いテーマであるので今後も昭和の町を見守っていきたいと考える。

引用文献

青木久美子　二〇一一。変わりゆく「昭和三〇年代ブーム」：キッチュからイデオロギーへ。『社会学論考』三二（一二）：八三―一〇七。

浅岡隆裕　二〇一二。『メディア表象の文化社会学：〈昭和〉イメージの生成と定着の研究』ハーベスト社。

荒井良雄・箸本健二編　二〇〇四。『日本の流通と都市空間』古今書院。

荒井良雄・箸本健二編　二〇〇七。『流通空間の再構築』古今書院。

市川孝一　二〇一〇。昭和三〇年代はどう語られたのか：〝昭和三〇年代ブーム〟についての覚書。マス・コミュニケーション研究　七六：七―二二。

土屋純・兼子純編著　二〇一三。『小商圏時代の流通システム』古今書院。

土屋純　二〇一六。景観論からみた沖縄風景の解釈。宮城学院女子大学人文社会科学研究所編『文化としての〈風景〉』翰林書房、九－三一。
日本政策投資銀行大分事務所　二〇〇四。『おまち再生計画：豊後高田〝昭和の町〟ステップアップのために』日本政策投資銀行大分事務所。
日高勝之　二〇一三。『昭和ノスタルジアとは何か：記憶とラディカル・デモクラシーのメディア学』世界思想社。
三浦展　二〇〇四。『ファスト風土化する日本：郊外化とその病理』洋泉社。
エドワード・レルフ著、高野岳彦、神谷浩夫、岩瀬寛之訳　一九九九。『都市景観の二〇世紀　モダンとポストモダンのトータルウォチング』筑摩書房。
ブライアンJ．L．ベリー著、西岡久雄・鈴木安昭・奥野隆史訳　一九七二。『小売業・サービス業の立地：市場センターと小売流通』大明堂。

Ⅵ 今、なぜノスタルジーなのか

——社会現象としてのノスタルジーを考える——

田中史郎

はじめに

欧米でも日本でもノスタルジーがブームである。[*1]イギリスでは一九七〇年代から八〇年代初頭において、文化遺産や伝統保護などに対する関心を背景に、アンティークやレトロなものに注目が集まっており、それがノスタルジー・ブームに繋がっているという。また、アメリカでは一九九〇年代に、「ノスタルジア熱狂（nostalgia craze）」などという現象が起こり、広告や宣伝などの領域では過去のスローガンが再掲されたり、七〇年代の新バージョンが作られたりしているという。[*2]アンティーク、レトロ、新バージョンなどがキーワードになっており、いずれもノスタルジー・ブーム現象の一端を示すものといえよう。

そして、いうまでもなく日本においても類似の現象が指摘されている。映画の「ALWAYS三丁目の夕日」のヒットをはじめ、こうしたことは数多く認められる。たとえば、ジャンルは多彩だが、「懐メロ」がブームをよび、[*3]「ナムコ・ナンジャタウン」[*4]、「台場一丁目商店街」[*5]、「新横浜ラーメン博物館」[*6]、「豊後高田昭和の町」[*7]などのノスタルジーを前面に掲げたテーマパーク的なものも賑わっている。これらを総称して「昭和レトロブーム」などという言葉もある。[*8]そして、これらを、マーケティングや広告宣伝、販売戦略に利用する試みも既にある。

こうした状況を念頭に置きつつ、本章においては、サブタイトルに示したように、「社会現象としてのノスタルジー」について考察したい。「序章」（今林）において、ノスタルジー概念の定義やその内容が概説されているが、それは概ねいわば「個人」を前提としたものである。だが、「序章」でも述べられているように、それは「集団」においても成立する構造をもっているといえよう。本章では、この「集団」、いい換えれば「社会現象」を対象とした視角からこの問題に取り組みたい。

社会現象としてのノスタルジーという点に課題を設定するのは、いうまでもないことだが、文学や芸術などのミクロ的なハイカルチャーのものではなく、流行やブームといったマクロ的な大衆文化、サブカルチャーを念頭に置いていることによる。こうした現象を、社会経済の史的な文脈におくことで、その背景を抉り出す。そうすることによって、ノスタルジー・ブームとわれる今日的な意味と、昨今の社会状況の変容を詳らかにしよう。そして、「今、なぜノスタルジーなのか」に、正面から答えたい。

1　ノスタルジー概念の成立と変容

(1)　ノスタルジーの誕生

まず、ノスタルジーという概念の成立について概観しておこう。というのは、この当初の用語は、「序章」でも触れられているように、今日において用いられているような意味とはかなり異なっているからに他ならない。上に述べた「ノスタルジー・ブーム」というときのノスタルジーのような意味は、当初のノスタルジーという概念には存在しなかったのである。そして、こうした言葉の変容を念頭に置くことで、昨今のノスタルジーの変容の状況とその意味の理解も深まるだろう。

ノスタルジーという用語は、「序章」にも述べられているように、一七世紀に、スイス人の医師であるヨハネス・ホーファー（Johannes Hofer）によって作られた新造語だという。[*9] ホーファーのラテン語で書かれたオリジナルな論文を入手することが出来ないので、F・デーヴィスの研究成果を前提としたものだが（デーヴィス［一九九〇］）、それによれば、[*10] ノスタルジーという新語は、もともと「nostos」＝帰郷と「algia」＝心の痛み、に由来した合成語で、「故郷に帰りたいと切なく恋いこがれる」という意味をもっており、昨今での「ホームシック」に近い意味であったという。そして、これは戦場での兵士のなかに発生した病気の「症状」を表わす言葉だという。もともと故国から遠く離れてヨーロッパのどこかの戦場で戦っているスイスの傭兵に、それほど頻繁ではないものの、よくみられた極度にホームシックな心理的な状態をさすために生み出された用語だというわけである。したがって、ノスタルジーの概念は、何よりも精神医学のカテゴリーとして成立したものであり、いわば病名であった。

すなわち敷衍すると、ノスタルジーとは、第一に、前線の兵士達に蔓延する現象であって、精神医学、精神病理学の対象となるものであった。第二に、そうした現象は、故郷（＝場所、空間）への想いに満ちたものであり、それは「失意」、「抑うつ状態」、「情緒不安定」をともなうものであって、場合によっては、「激しく泣き出したり」、「食欲不振」、「消耗」、ときには「自殺（未遂）」というような「症状」として表れたという。そして、こうした症状は、しばしば兵士達の間に伝染した、と。第三に、またそれは、戦況や隊が優勢な時にはそうでもないが、戦況が不利な場合に多く現れたとのことである。したがって、第四に、軍事的な観点からは、勇気を鼓舞せねばならないときに、故郷を想いみる兵士達のこうした感情はネガティブなものとみなされ、排除されねばならないとされたというわけである。ノスタルジーは、厭戦気分をもたらすやっかいなものと考えられていたといえよう。

この戦争とは何をさすか、スイス人の傭兵とはどういうものかは、明確にされていないが、概ね以下のことが想像できる。[*11] いわゆる「三十年戦争」に至る過程においては、当時のヨーロッパの状況は宗教的対立と、政治的対立から多くのところで戦争が勃発し、しばしば「傭兵」が組織された。なかでもスイス人の傭兵は名高い。傭兵は、いわば戦争の専門家ということだが、それは、一方では戦闘に優れているとともに、他方ではそれを生活の糧にしているのであって、それ以上ではない、という性格をもっている。そして、スイスの人口増加問題も要因の一つとして考えられるが、ともあれスイス人の傭兵は多かったとされる。それゆえ、ノスタルジーはスイス人に多く発生し、その一つの理由が「気圧差」にあるという説も登場したという。[*12]

ともあれ、このような状況に鑑みると以下のようなことがあるのではなかろうか。仮説的ではあるが、まとめてみよう。すなわち、一七世紀には何らかの社会的な変容があり、それゆえに新たな概念、すなわち「ノスタルジー」なる造語が生まれた、と。それまでも戦争は数多くあり、兵隊としてかりだされたり、傭兵として出兵したりすることがあったことはいうまでもない。だが、それまでは、その規模が時間的にも空間的にも必ずしも大規模ではなかった。戦場での滞在期間も戦場まであるいは戦場での移動距離も限られていたのでなかろうか。

ところが、一七世紀には、「三十年戦争」に代表されるように、それが大規模化、長期化したといえよう。遠距離の出兵、長期にわたる出兵、そうしたなかで、ある種の精神的病理現象が発生し、ノスタルジーなる概念が精神医学用語として成立したのではないだろうか。ここで、留意しておきたいことは、こうしたなかでノスタルジーという概念が成立した故に、それは、いわば「空間」的な距離を重要な要素としていた。今日におけるノスタルジー概念が、いわば「時間」的な要素を秘めていることと比較すると、この点でも相違を確認できる。ともあれ、一七世紀ころに、時代の大きな変容があり、ノスタルジー概念の成立はそうしたものの反映の一つであったといえよう。

(2) ノスタルジー概念の変容

前項でノスタルジー概念の成立をみた。しかし、その後、この概念は大きく変容することになる。一九世紀末ころには、精神医学のカテゴリーとしてのノスタルジーへの関心はほとんど消え失せるという。つまりそれは、そうした症状も顕著には現れなくなったということに他ならない。戦争は断続的に発生し、兵士の遠征も広範囲になったことは想定されることだろう。しかし、精神医学的な意味でのノスタルジーが問題にされなくなったということは、どういうことか。逆説的ながら、既にそうした遠征がより当然のこととなったことにあるのではないか。交通や通信が発達し、戦争ばかりではなく、商業活動など他の理由においても人々の行動範囲が拡大すれば、長期にわたる遠距離の遠征や移動は、いわば特筆すべきことではなくなった、となる。

このような時代や社会の変化に応じて、ノスタルジーという概念は変容を遂げていくことになる。デーヴィスによる「脱軍隊化」、「脱医学化」(デーヴィス[一九九〇]、六頁)ということは、こうしたことを意味しているのでなかろうか。

こうして、ノスタルジーの概念は、今日での意味合いに変化を遂げてきた。すなわち、失われた「空間」や「時間」を懐かしむ概念として定着したといえる。そしてさらに、移動の手段や移動の自由が拡大すれば、つまり、空間的な制約が少なくなれば、決して戻れないもの、すなわち時間的問題が浮上してくる。[*13] ノスタルジー概念は、「脱軍隊化」、「脱医学化」するとともに、「空間」から「時間」へと移行してきているともいえる。むろん、空間、つまり固有の場所が契機となって、時間、つまり過去に連なる何かを想起することもある。したがって、「空間」と「時間」を機械的に分けることはあまり意味のあることではないかもしれない。また、ノスタルジーにかかわる「空間」と「時間」とっても、様々な類型が含まれる。実在的な場所や直接体験としての過去、擬似的な場所や間接体験としての過去、個人的な場所や個人的体験としての過去、集団的な場所や集団的体験としての過去、など。これらは四象限の図式として示すことが出来るが、詳細は後述する。

ともあれ、ここで確認すべきは、一九世紀末頃に時代の変化が生じ、それによって、ノスタルジー概念も大きく変容したということ、これである。デーヴィスは、オックスフォード英語辞典の掲載項目などを検証して、「このこと(ノスタルジー概念の変化)が起こったのは二〇世紀に入る直前であったに違いない」(デーヴィス[一九九〇]、六頁)と記している。いい換えれば近代社会の成立と展開に沿ってノスタルジー概念に今日的な意味が与えられてきたといえる。

そうした経緯をふまえてみると、日本にノスタルジー概念が入ってきたのは、丁度このように概念の変化が生じたころ、ないしそれ以降といえよう。辞書などでノスタルジーを調べると、「郷愁」、「望郷」、そして「懐古」、「追憶」などの語が当てられていることからも、そのように考えられる。[*14] 前者はどちらかといえば空間的なものへの思い、後者は時間的なものへの思いとでもいえようが、前者も少なからず時間的な距離を含んでいることはいうまでもない。

(3) ノスタルジー概念の今日的状況

既述のように、ノスタルジー概念は大きな変容を遂げてきており、この時のキーワードが「脱軍隊化」と「脱医学化」だったが、デーヴィスによれば、戦後にはさらにそれが「脱心理学化」の過程を辿っているという。つまり、心理学的な意味合いから、日常語的なそれに変化した、と。「(ノスタルジーという語は、) ほぼ、一九五〇年代からアメリカの民衆の話しことばのなかに急速に同化されてきた…」と述べられている。[*15] みられるように、ノスタルジー概念は変容を遂げながら、多くの人々に使用されるのは、戦後、それも一九五〇年代以降ということになる。少なくてもアメリカではそのようである。

そうだとすると、日本においてはどうなのだろうか。既にみたように、日本にノスタルジー概念がいつ流入したかは定かではないものの、それは、ノスタルジー概念が今日的な意味をもってからの時期であったことは、想像される。その時期は、平たくいえば、明治以降であると、とりあえずいえそうである。

そこで、新聞などでノスタルジーという用語がいつ頃から、どの程度の頻度で登場するようになったかを調べると、興味深い結果が現れてきた。東北ではよく知られている、「河北新報」のデータベースを検索すると、以下のような結果を得ることが出来たのである。[*16]

このデータベースは、「河北新報」の朝刊と夕刊に掲載された用語とその頻度の検索が可能なもので、それは一

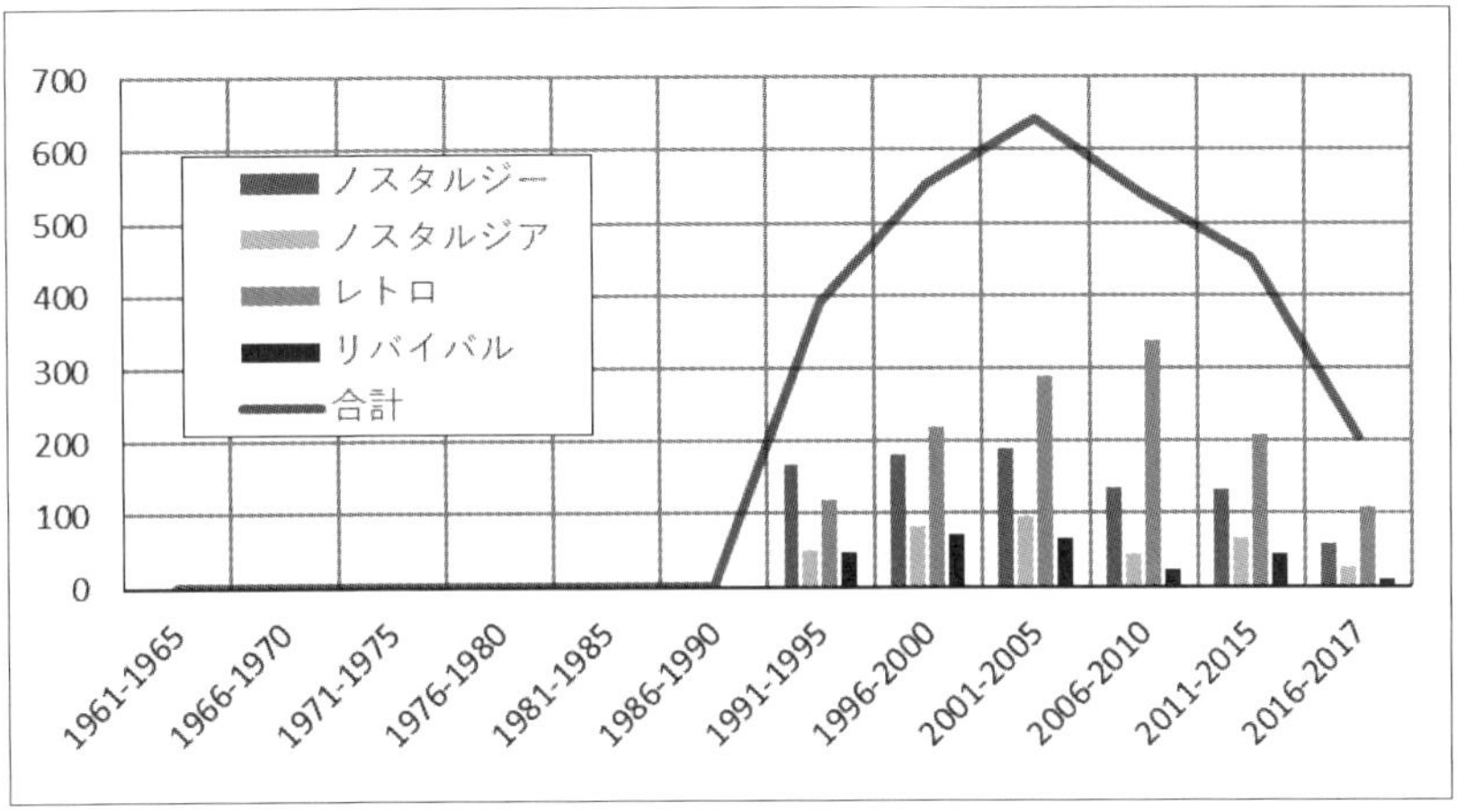

図表1　新聞における、ノスタルジーとその類語の頻度
（注）5年間隔で集計している。したがって「2016-2017」は2年弱分である。
（資料）「河北新報」データベース

八九七（明治三〇）年から開始できる。[*17] そこで、具体的には、「ノスタルジー」とそれに関連しそうな語、すなわち「ノスタルジア」、「レトロ」、「リバイバル」の四つの語を入力し検索してみた。その結果の示すことは以下のようであった。

まず第一に、一八九七年から一九九〇年（五年刻み）までは、四つの語いずれも頻度はゼロであった。「**図表1**」では、一九六一年以降のみを示している。先に、ノスタルジーという語は、明治以降に流入したのではないかと述べたが、このデータベースの検索結果からみる限り、より後ろ倒しになる。それは、戦後も一九八〇年代に至るので、世間的にはあまり使用されていなかったことになる。もっとも、「郷愁」、「望郷」、「懐古」、「追憶」などの語は使用されていたと思われるが。

第二に、「ノスタルジー」と「ノスタルジア」は、前者がフランス語、後者が英語の発音をカタカナ表記した同一語だが、どの時代をとっても前者の方の頻度が高い。日常的には前者の方がポピュラーということになる。もっとも、両者とも頻出度数はほぼ相似的になっている。また、後にもみるが、一九九〇年代に「ノスタルジー」の頻度が高いのは「昭和ノスタルジー」ブームの影響とみることが出来よう。

第三に、一九九〇年代は「ノスタルジー」の頻度が高いものの、二一世紀に入ってから「レトロ」が頻出している。いうまでもなく、レトロとは、retrospect のカタカナ語だが、昨今ではノスタルジーよりもレトロという用語の方が好まれているということかもしれない。

第四に、「リバイバル」の頻度は全体として少ないものの、頻出度はこれら四語合計のカーブに近い。

そして、第五に、これら四語の「合計」でみると、九〇年代から今世紀に入ってこうした用語が頻出したことは明確だが、二〇一〇年代に入ると、これらの語の頻度はやや減少傾向にあるといえる。

これをどうみるべきか、あるいはこれは何を意味しているのだろうか。考察を要する課題であろう。これまで、ノスタルジー概念の変容を跡づけながら、それは社会そのものの変化に要因があると考えてきた。そのようなことがあるのであれば、九〇年代から今世紀の初頭に大きな時代的な変化があったのではないか、と予想される。だが、冒頭で示したように、先の「**図表1**」にも関連するが、昨今では、「ノスタルジー」がキーワードして商業的（マーケティング、広告宣伝、販売戦略）に用いられており、また、そうした面からの研究も多い。そこで、マーケティングなどのジャンルでの研究を紹介しよう。

2　ノスタルジーの利用

(1)　マーケティングの小史

ノスタルジーという概念が流布するのは、アメリカでも日本でも、かなり近年のことであることが明らかになった。むろん、文学や社会科学の研究領域ではそうとは断定できないが、新聞や雑誌などいわばサブカルチャーの領域では、この数十年でのことが主な対象となろう。こうした動向を積極的に活用する一つのジャンルがマーケティングといっても異論はないだろう。[*18] 事実、章末に掲載した参考文献にみられるように、ノスタルジーの研究には広義のマーケティング分野のものが多い。そこで、マーケティングにおけるノスタルジー概念の研究史を検討しよう。

ここでは、棚橋豪［二〇〇八］「スタルジアと消費社会――その類型と動的側面について」を採り上げ考察したい。棚橋は、マーケティングにおけるノスタルジーの研究史を、初期、中期、近年の三期に分けて整理している。

まず「初期」の研究についてである。棚橋によれば、ホルボルックとシンドラーは、「選好が、その消費者の青年期に決定される傾向がある」ことを明らかにした、という。また、ベルクから「モノを所有することは、過去を所有することを意味する」というテーゼないし命題を導きだす。そして、これらを「いまだノスタルジアという問題は明示されていない」ものの、しかし、「消費行為と過去の関連を考察しているという点において（ノスタルジー研究の＝引用者）先駆的な研究だ」と評価している。ここでの研究は、次の「中期」の研究を予料すれば、定性的な性格の研究といえよう。ともあれ、このホルボルックとシンドラーの論考が一九八九年であり、ベルクのそれが一九九〇年である点に留意しておこう。

そして、「中期」の研究についてである。棚橋は、「一九九〇年代に入り、明示的にノスタルジアを問題の中心とした研究が行われるようになる。」として、先のホルボルックとシンドラーの一九九四年の研究（Holbrook & Shindler［1994］）をあげる。彼らは、そこで、一九八九年の研究を「ノスタルジア問題として捉えなおし」、さらに、「ノスタルジア尺度」という測定基準の作成を試みている、と評価する。この「ノスタルジア尺度」とは、二〇項目を設定し、「強く同意する」から「強く同意しない」までを九ポイントで測定するものである。このようにして、「ノスタルジア性向と特定の消費財への選好の関係」を導き出すというものである。先の「初期」の研究が定性的な研究だとしたら、これは、定量的な研究といえよう。[*19]

そして、第三に「近年」の研究についてである。棚橋論文が発表されたのが二〇〇八年であるので、近年とは、おそらく今世紀に入ってからをさすものと思われる。ここでは、シンドラーとホルボルックの二〇〇三年の研究（Schindler & Holbrook［2003］）を採りあげ、ノスタルジア研究の範囲を拡大したと評価する。すなわち、これまでの「体験的・経験的側面の強い消費対象」にだけではなく、「一般消費」にまで適用範囲を広げたという。また、ブラウン（Brown［2003］）などの研究を「レトロ・マーケティング」として位置づけている。いわばノスタルジー研究が広範囲に拡張したと捉えている。

以上のように、マーケティング領域におけるノスタルジー研究の小史を紹介してきた。ここで、二つの点に注目して考察しておこう。

まず注目すべき第一の点は、マーケティングの領域において、ノスタルジー研究のスパンが短いことである。みられるように、九〇年代を中核において、ほぼ一〇年のスパンで研究史が辿られている。経済学を学ぶものにとって、研究史といえば、もう少し長いスパンを想定するので、やや違和を感じる。しかし、次の疑問点ともかかわるが、九〇年代が一つの軸になっているとすれば、そのような短期スパンでの考察もあり得るのかも知れない。ノスタルジーに関して、それが定性的な研究から定量的な研究、そして研究それ自身の拡張という位置づけは、大いに参考になるといえよう。

そして、この点ともかかわるが、第二の点は、マーケティング領域において、九〇年代が重要な意味をもっている点である。一聞したところでは、七〇年に及ぶ戦後の期間全体が対象になりそうだが、一九九〇年代が一つのエポックになっている点は、吟味の必要があろう。振り返ってみると、デーヴィスによれば、アメリカで今日的な意味でノスタルジーという言葉が流布し始めたのは、一九五〇年代に入ってからであり、しかもそのころには、「高級なことば」とみなされていた。また、日本の新聞などでノスタルジーやそれに関連する言葉が登場するのは、九

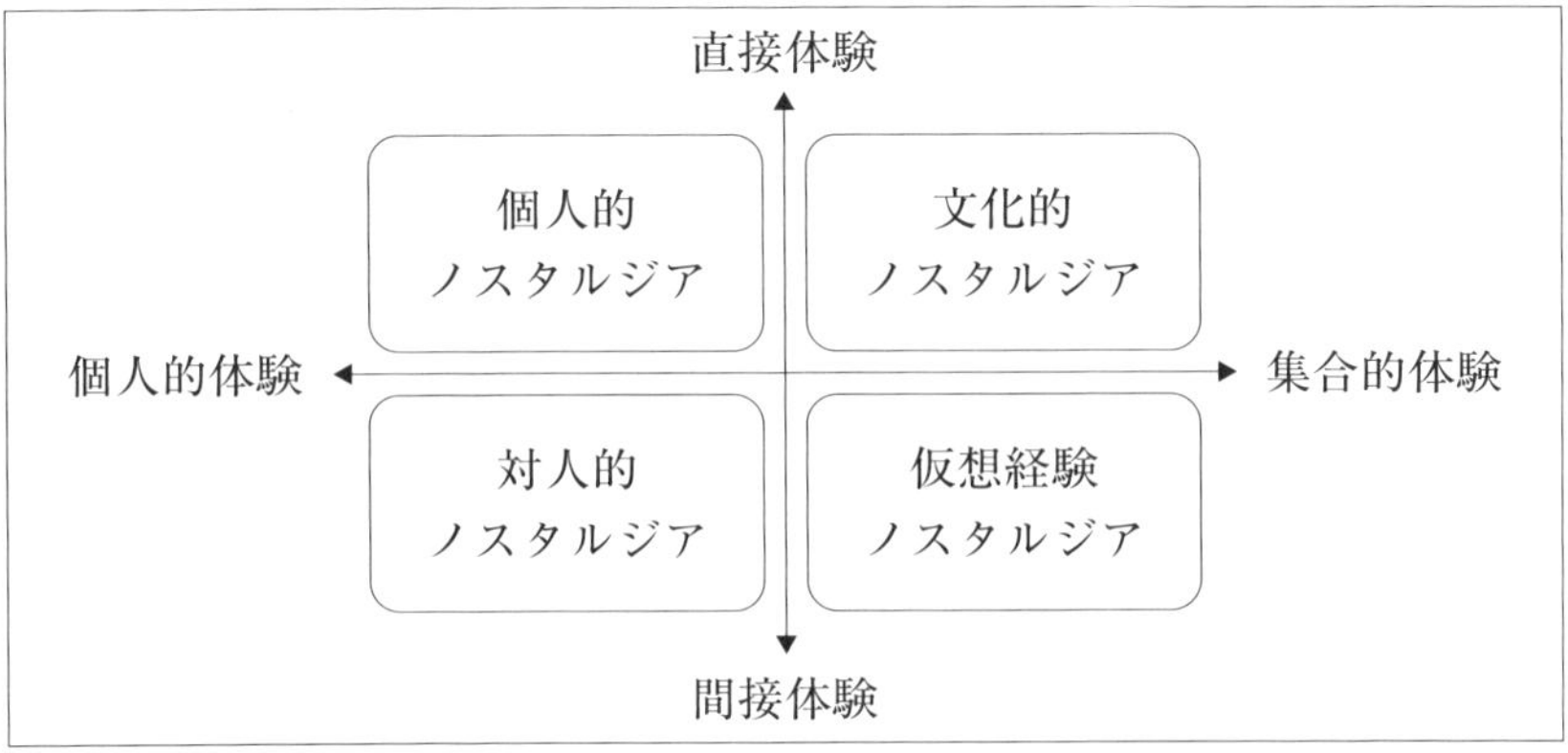

図表２　ノスタルジー概念の類型

○年代からであった。先に掲載した「**図表1**」のデータとの齟齬はない。また、日本とアメリカの状況がシンクロしているともみられる。そうであるとすれば、ノスタルジーが大衆に広く認知されるのは、はやり九○年代ということになろう。そのように理解すれば、棚橋の研究史の整理は的を射ているといえる。

（2）マーケティング、消費論におけるノスタルジーの分類

そして、棚橋はヘブレナとホラーク（Havlena & Holak［1996］）の研究を整理して、以下のような、ノスタルジー概念の分類を提唱している[20]。

要するに、マーケティングの観点を考慮しつつノスタルジーを概念区分すれば、その感情を喚起するものが、直接体験か非直接（間接）体験かの軸と、個人的体験か集団（集合）的体験かの軸の二つによって、都合四分類されるという点が要点となる（**図表2**）。

一つずつ概観しよう。まず、①個人的ノスタルジア（個人的・直接的な経験）について。個人的ノスタルジアとは、各々の個別主体が直接に経験した事柄により喚起するノスタルジアをさす。たとえば、家族や友人との食事や旅行などがこの種のノスタルジアの元となる。もっとも解りやすい、ノスタルジーのイメージといえる。②対人的ノスタルジア（個人的・間接的な経験）。対人的ノスタルジアとは、個別主体が経験し

たものではないが、主に年長の家族や親友の経験談等がこの種のノスタルジアの元となる。③文化的ノスタルジア（集合的・直接的な経験）。文化的ノスタルジアとは、個別主体が直接に経験しているが、共有されたシンボルに基づくものである。近隣の皆が覚えている物事がノスタルジアの元となる。④仮想経験（擬似的）ノスタルジア（集合的・間接的な経験）。仮想経験（擬似的）ノスタルジアとは、各々の個別主体の経験でもなく、属する集団においても経験は間接的なものに基づくものである。これだけの規定ではやや不分明な点があるが…。取り急ぎまとめれば以上である。

ここで一番分かりやすいのは「個人的のスタルジア」（第二象限）だが、その対極に「仮想経験（擬似的）ノスタルジア」（第四象限）があるという。そして以下のように述べられている。「これに対してもっとも神秘的なカテゴリーは「擬似的（仮想経験）ノスタルジア」であろう。もはや個人的体験に拠らない記憶にノスタルジアを感じることからして、既に奇妙であろう。さらに、それは個人レベルではなく集団レベルで発生する。これ（を）…どのように理解すればよいのかが、研究者間で完全なコンセンサスが得られていない。」（棚橋［二〇〇八］、二二頁）と記されている。

確かに、述べられているように、「個人的のスタルジア」（第二象限）のような事象は解りやすいものの、その対極である「仮想経験（擬似的）ノスタルジア」（第四象限）は理解しにくい。そして、「仮想経験（擬似的）ノスタルジア」こそが、重要なものとなる。というのは、ノスタルジーそのものはいうに及ばないが、流行やブームを説明する上で要となるからだ。

指摘されているように、こうした事柄が、「非直接（間接）体験」として、また「集団（集合）的体験」として生じるとしたら、そうした視角から、すなわち、マクロ的な社会とその変容を考察するという視角から分析するのが適当だろう。そして、先の「**図表1**」によるノスタルジーという用語の頻度、およびノスタルジー研究史をふまえると、社会現象としてのスタルジー研究の要は、一九九〇年代にあるように思われる。

そこで、こうした観点からこの間の社会の変容に注目しよう。むろん、社会の変容とっても、その領域は広い。たとえば、政治や文化の変容もそれらに含まれる。しかし、最も基底的な要素は、何よりも経済領域における様々な変容だといえよう。そこでそうした観点から考察を加えよう。

3 世界、日本の経済社会の変容

(1) 世界――ピケティの提起

社会の変容をみるとき、経済的な要因が大きいのではないか、という前提のもとで、なおかつそのなかにおいても社会関係の基軸になる階層や格差の問題に注目しよう。そのような観点から、ピケティ(Thomas Piketty [2014])『二一世紀の資本』を採りあげるのが適当だろう。本書は、大作であり、すべてを紹介し、吟味することは出来ないが、最大のポイントは「格差」をめぐる問題なので、それに直接的にかかわる点に絞ることにする。

本書の功績は幾つかあげられようが、*21 何より強調されるべきは、約二〇〇年にもさかのぼる主要各国の税務を中心とするデータによって、歴史的に課題を解明した点にある。本稿は一九九〇年代に注目しているが、長期にわたる経緯のなかで、このエポックを位置づけるには本書を活用する意味は大きい。

「図表3」は、経済的富の偏在の動向を長期統計に基づいて示したものである。すなわち、所得における上位〇・一%の階層の全所得に占める割合が、主要な五ヶ国について明示されている。全体としては、グラフが「U字型」(縦軸の値が一端は下降して底を這うようになるものの、その後は再び上昇傾向を示すこと)をしている点がまず目に入るが、少し立ち入ってみてみよう。

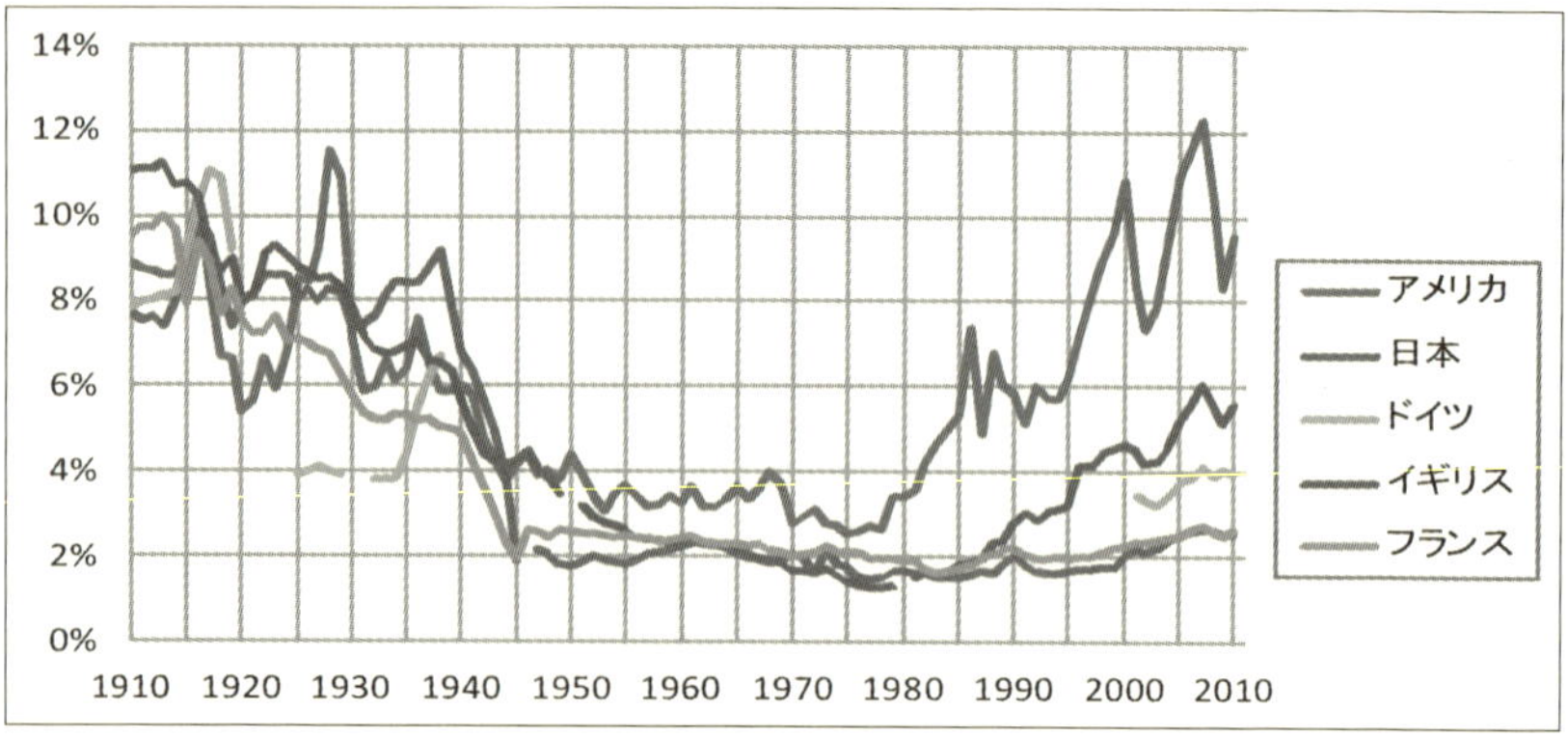

図表３　所得における上位0.1％の占有率
（注）T.ピケティ［2014］　図9-5と図9-6を合成したもの
（資料）The World Wealth and Income Database

もっとも傾向がはっきりしているアメリカを採り上げよう。アメリカで、所得において上位〇・一％の階層の占有率をみると、それは、戦前では八％内外であったものの、戦後の九〇年代前半までは二～四％程度で推移した。そして四〇～五〇年を経て上昇し、昨今では一〇％内外になっている。考えてみれば、この値は、異常だといわざるを得ない。というのも、繰り返しになるが、わずか上位〇・一％の階層が全体の一〇％を占有するということは、富が如何に集中しているかを示すものであろう。[*22] また、みられるように、アメリカほどではないが、他の国もほぼ相似なグラフの形状を示している。いわば世界が同位相になっているのである。

では、世界的に同時的に生じているこの「U字型」グラフをどのように理解すべきか。着目点は、第一に戦前から戦後にかけてグラフの値が急激に減少した点、第二にその後四〇～五〇年はそれが底を這うような値であること、そして第三にその後八〇年代後半ないし九〇年代に入って値がかなりのテンポで上昇している点にあろう。

まず第一の点に関しては、理由をみつけることは容易である。その背景には、いうまでもなく長期にわたる戦争と終戦、その直後の経済政策があった。戦勝国も敗戦国も、戦争によって全国民が貧しくなるとともに特権的な上位の階層への所得（富）の集中が減少したのである。[23]第二のことについても、その理由は説明がつきやすい。戦後、先進各国は高度経済成長を遂げるが、その過程はいわばボトムアップ的な経済の拡大であったといえる。それが上位層への所得（富）の集中を緩和したといえる。そして、問題は第三の局面である。前世紀末から今世紀に入り、各国とも確実に上位の階層への所得（富）の集中が生じている。これはどのように理解できるだろうか。

ピケティは、これを以下のように説明している。キーワードは、R（return 資本収益率）とG（growth 経済成長率）という概念である。R（資本収益率）とは、土地、建物などの物理資本と株式、債券、特許などの金融資本から生じる収益の率をさす。一般的な用語法では、前者は固定資産、後者は流動資産といってもよかろう。G（経済成長率）とは、GDP成長率とほぼ同義であり、そのなかには、経営者などの報酬も含まれるが多くは労働者の賃金だといえる。

そこで、ピケティによれば、長期趨勢的には、資本収益率は経済成長率も大きい（R＞G）ので、資本を所有している層に富が集中する傾向にあるという。しかし、経済成長が著しい時代においては、例外的に「R＜G」となり、その間では所得格差は相対的に減少する、と。戦後の高度経済成長期は、各国ともいわば例外的な時代だったということになる。

そして、一九八〇～九〇年代の所得の格差拡大は、「**図表1**」にみられるように、ノスタルジー（およびその類語）という用語が頻出する時代と重なっている。さらにいえば、また、既にみたように、研究史の整理からみると、この時期は、アメリカや日本においてノスタルジー研究が本格化する時代でもあった。ここで、何が起こっているのか。こうした点に関して、戦後の日本を対象に考えてみよう。

（2）日本――高度成長の終焉と世襲化

戦後の日本経済を概観すると、敗戦の「焼け跡」から開始され一九七〇年代初頭までの高度経済成長期、その後から九〇年代初頭までの中成長期、そしてそれ以降のゼロ成長期に三分出来る（**図表4**）。

いわゆる「昭和ノスタルジー」という場合は、大まかには高度経済成長期をさす。実質GDP成長率が、約二〇年間にわたりほぼ一〇％であったので、その間で国民所得は六倍になった。[*24] 歴史的にまれな時代、先のRとGで示せば、「R＜G」の時代であった。しかし、その後、一九七〇年代のオイルショック（石油危機）を契機にして、高度経済成長は終焉した。[*25] 経済成長率は、高度経済成長期に比べ半減し、概ね四％の水準を前後している。[*26] 中成長期ないし安定成長期という時代に入った。その最後の徒花（あだばな）がバブル景気とその崩壊であった。

そして、バブル景気の崩壊後は、長期にわたるゼロ成長の時代である。「失われた一〇年」や「失われた二〇年」という言葉がそうした状況を示している。そして、そうした時代にノスタルジーという言葉が新聞や雑誌に掲載され、また、それを意識したマーケティングなども行われてきたのであった。

以上、みられたように、戦後日本の経済は、高度成長、中成長、そしてゼロ成長という事態を経験してきた。いうまでもなく、ゼロ成長の時代では、ピケティの論理を借りれば、「R＞G」が現れるが、そこには、成長率の要因に他に、もう一つ戦後の長期安定のなかで「世襲」の問題があるように思われる。それは、「R＞G」の要因にもなるものである。それがどのようなメカニズムで生じたのか考察しよう。

明治以降の近代日本の一五〇年を鳥瞰すると、前半は、戊辰戦争、西南戦争、日清戦争、日露戦争、第一次世界大戦、満州事変から続く第二次世界大戦にみられるように「戦争の時代」であり、後半はそうしたことがない、つまり「戦争のない時代」となる。そして「戦争のない時代」は七〇年を超える長期に達した。戦争のない時代、すなわち平和や安定は、決してマイナスではないが、別の社会変容をもたらし始めたのである。

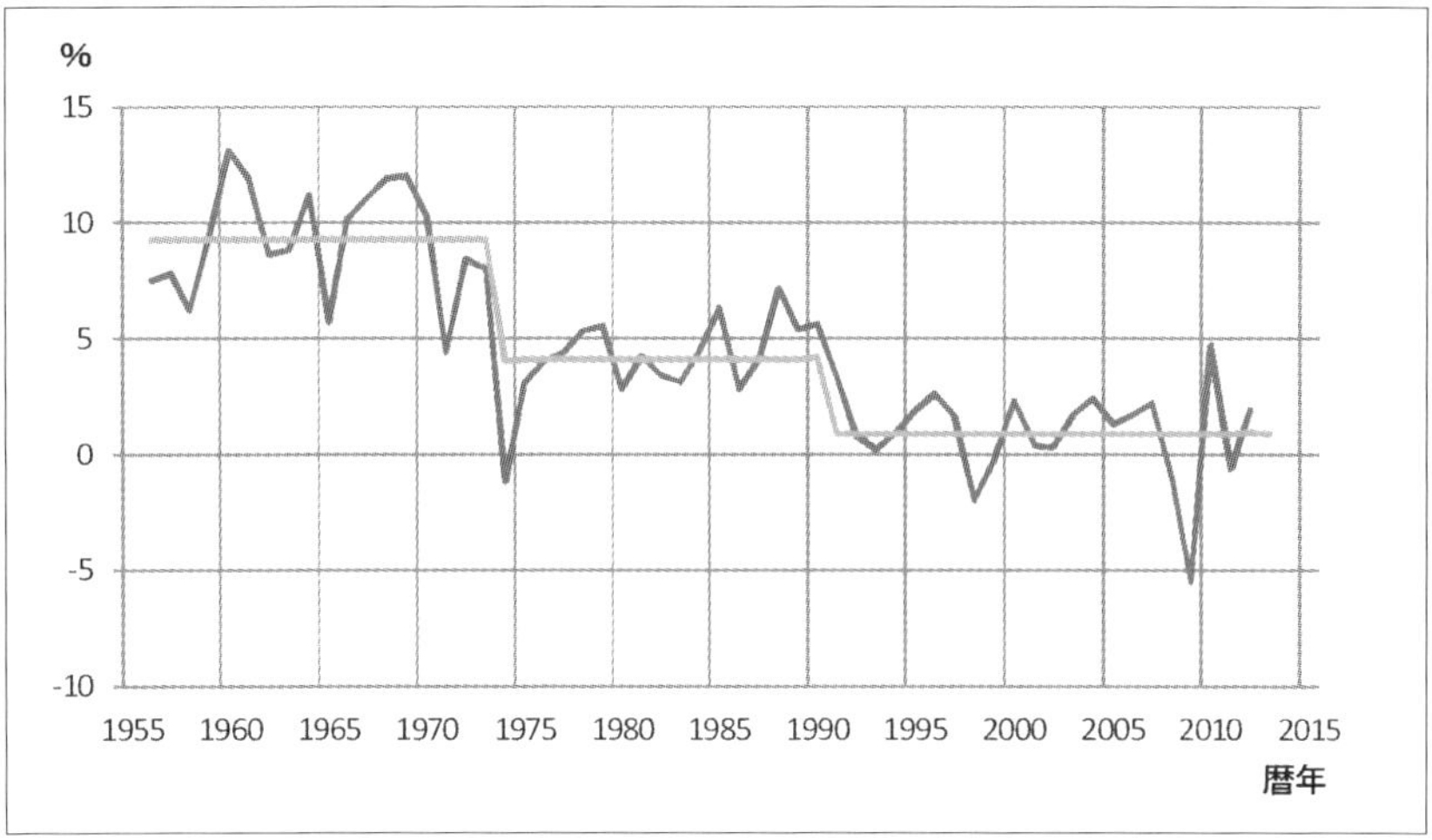

図表４　日本における実質 GDP成長率
（資料）内閣府「長期経済統計」

世代（ジェネレーション）や世代交代という言葉がある。これは、一般的には、ある主体が、親のあとを継ぎ、それを子に譲るまでの期間をさす。ほぼ三〇年が経過すると「代替わり」が起こるとも考えられるので、世代という場合には、あまり意識せずに三〇年位を想定することもある。戦前のような、頻繁な戦争が起きているような状態ではそうではないが、戦争のない状態、つまり「安定」が世代交代を含む以上に長期化した場合、安定のなかで世襲化や二世化という現象が生まれることがある。[*27] 安定のなかでは、親子の間での資産等の継承関係が強まるのである。

そのように考えられるとすると、経済成長率の問題に加え、戦後の長期安定の問題が重要な意味をもつ。結論を先にいえば、階層構造の変容は、第一に高度成長の終焉からゼロ成長へ転換したこと、および、第二に戦後七〇年の政治的・社会的安定による世襲化が生じたこととの同時発生という事態にその根拠を求められると思われるが、結論を急ぐ前に一つの思考実験として次のように考えてみよう。

いま、階層構造の変容の根拠として二つのファクターをあげた。すなわちファクターの第一は、経済的な高度成長が持続し

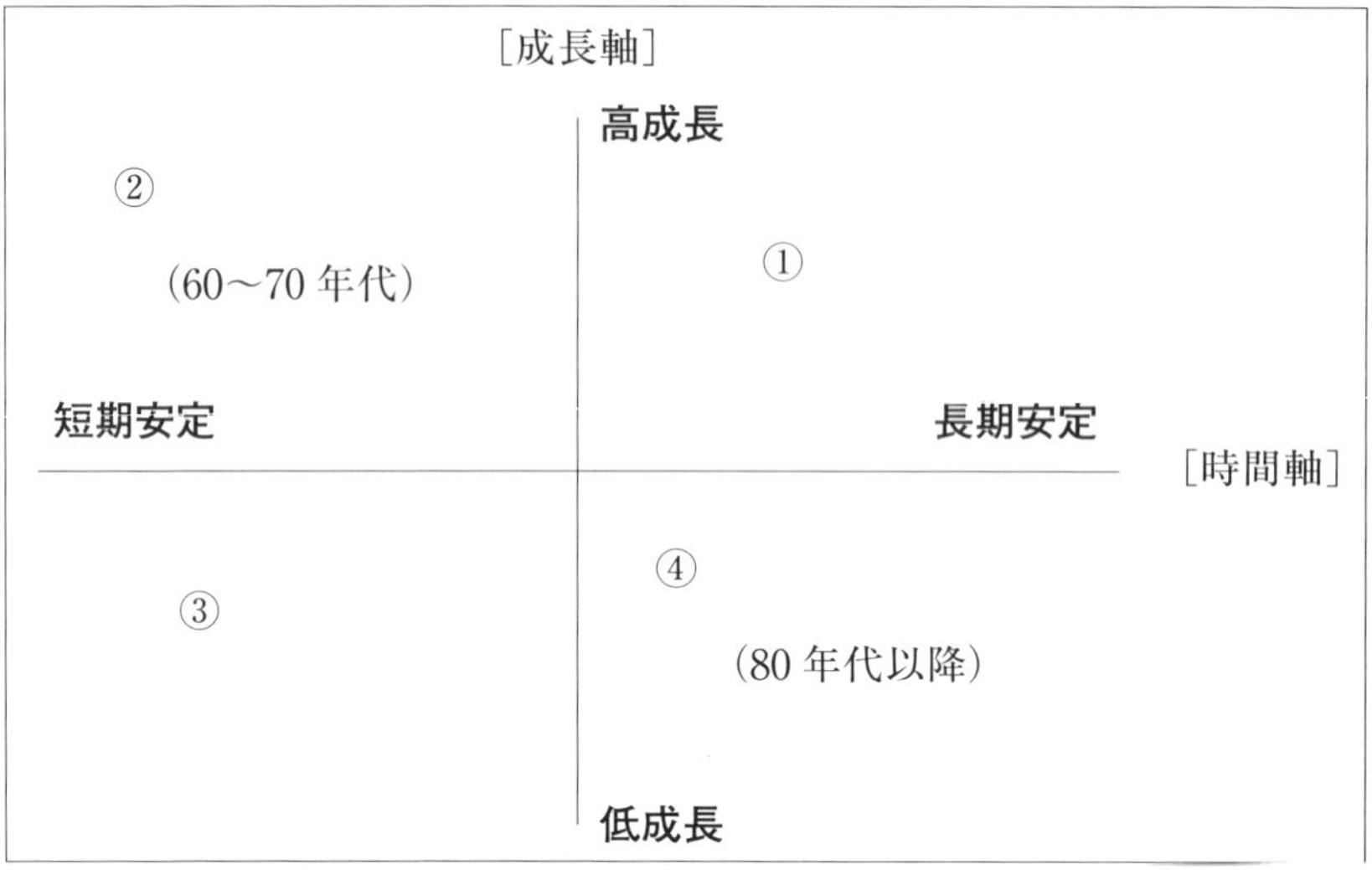

図表５　成長軸と時間軸からみた社会構造モデル

ているのか、それとも低成長なのかという点である（これを成長軸としよう）。いうまでもなく、前者の高度成長が持続している場合は、経済的なパイが増大し続けている状態であり、いわゆるポジティブ・サムである（「R＜G」になる可能性が大きい）。後者のゼロ成長の場合は、その反対に、いわゆるゼロ・サム状態である（「R＞G」の可能性が大である）。

そして、ファクターの第二は、社会が相当に長期に政治的・社会的に安定しているか、それともまだ安定がさほど長くないかという問題である（これを時間軸としよう）。その政治的・社会的な安定が四〇～五〇年という世代交代期を含む程度に持続すれば、当然ながら財産や地位といった経済的・社会的な利権の世襲化が起こるであろう。それに対して、その安定がまだ短い場合は、そういった問題は発生しないと考えられる。

このように図式的に捉え、それを数学的に組み合わせれば、「**図表５**」のように①高度成長と長期安定、②高度成長と短期安定、③ゼロ成長と短期安定、④ゼロ成長と長期安定の四つの場合（象限）が考えられることになる。それぞれについてみてみよう。

第一象限①は、高度成長が持続しているとともに、政治的・社会的安定が長期にわたって保たれている状態である。こうした場合においては、「親の七光」というように出生そのものにもはや差異・格差があるものの、しかし経済的なパイが増大しているので、その影響は大きくないといえる。これは、現実には存在しないが、今日まできわめてハイペースの高度成長が持続しているというケースである。

第二象限②は、高度成長の最中にあって、まだ政治的・社会的には安定がさほど長くなく、つまり世代交代を含むほどにそれが長く続いていない状態を意味する。このような場合には、一方で経済的なパイが増大しつつ（ポジティブ・サム）、また他方で経済的・社会的に世襲的なものの存在が小さいので、きわめて平等化・平準化した社会構造が作られるだろう。日本の戦後の高度成長期がまさにこのような時期だったのではないかと思われる。

第三象限③は、経済的には低成長・ゼロ成長であるものの、政治的・社会的安定の持続がまだ短い状態である。この場合では、先にみたように、社会的な世襲といった問題が発生しないので、経済的なパイの拡大は小さいものの、ある程度の平準化した社会が想定し得る。もしも戦後の高度経済成長がなかったとすれば、こういう状態になったであろう。

そして第四象限④は、一方で高度成長が終焉し、他方で長期にわたる政治的・社会的な安定から世襲化が大きな問題となる状態である。こうした場合では、経済的にはパイが増大せず、いわゆるゼロ・サムゲームの状態になり、拡大しなくなったパイを必死に奪い合わざるを得なくなるが、ここで世代交代を期に世襲化が起こり、そのような力によってパイの分配がなされよう。いうまでもなく、これが現在の日本の状態とってよいと思われる。政治家、企業主、医者、教員などに世襲化[*28]が顕著に現れている。

このようにみると、日本の経済・社会は第二象限②から第四象限④の状態にシフトしたと考えられる。一九九〇年代とは、その始まりの時期であったといえよう。[*29]

高度成長が終焉しゼロ成長になったということは、極論すれば、新たな産業や製品が登場しないことを意味する。家電、自動車をはじめとしてそれに付随する商業的な音楽や美術などのサブカルチャーなども例外ではない。それは、一方で出尽くした感（デジャブ）を、他方で、「新たなものを追求すると、過去のものしか存在しない」、「新しいものは過去にあるもの」という状況を意味する。[*30] そうだとすると、たとえば「昭和ノスタルジー」と呼ばれるものは、高度成長と世襲化以前という二つの要素をもった社会に対するイメージということになろう。戦後の昭和のイメージは、高度成長の時代であるとともに前世襲化の時代にあるといえる。

4　結語

以上の考察をふまえ、本稿の議論を総括しておこう。

まず、ホーファーが明らかにしたように、ノスタルジー概念の成立には歴史的、社会的な背景があり、また、それが今日的に変化した要因にも同様な変容があったといえよう。これは、社会現象としてノスタルジーを把握する上で基本的なスタンスを与えるものであった。

そこで、昨今のノスタルジーブームを幾つかの視点から、社会現象として捉える試みを行った。経営学やマーケティングの分野でノスタルジー研究がみられるが、アメリカや日本でのノスタルジー研究の状況をみると、九〇年代を軸に本格化している。また、新聞などに登場するノスタルジーやレトロ、リバイバルなどの用語も九〇年代以降に集中していた。そうだとすると、ここに社会現象としてノスタルジーを考えるヒントがあるに違いないと考えられる。つまり、ノスタルジー概念は、極論をいえば、単なる超歴史的なものではなく、固有の意味で歴史的背景を背負った概念ということになる。あるいは、社会現象としてのノスタルジーには固有な成立事情があると結論づけられよう。[*31]

そうした観点から、その経済社会的な背景を概観するには、ピケティの提起が参考になった。それは、世界・日本において、高度成長が終焉し、低成長ないしゼロ成長が定着した一九九〇年代を契機としてその後に富が集中していることを明らかにしたものであった。また少なくても日本では（おそらく欧米でも）、それは世襲化や二世化の進行とともに生じている。前者、経済成長の鈍化の問題は、絶えず「新たな欲望」を発見し創造することを目指すマーケティングの領域において、実は「新しいものは過去にあるもの」という事実を突きつけた。後者、社会の長期安定から生じる世襲化や二世化の問題は、それに至る以前の社会には希望のようなものが存在したが、昨今ではそれが絶望的なものになった事実を明らかにした。[*32]一九九〇年代以前には、高度成長と前世襲化の時代という二重の意味で、ノスタルジーを喚起する「何か（etwas）」があったといえる。そしてそのように考えると、昨今のノスタルジー・ブームは、この「何か」の喪失、すなわち二重の意味での閉塞感の反映したものといえよう。そのような文脈において、今は、ノスタルジーの時代なのかもしれない。

補注

本文においては、「河北新報」のデータベースによって、ノスタルジーなどの用語の掲載頻度を確認した。同様の検索を「ざっさくプラス」（皓星社）[*33]でも試みた。これは、明治時代から現在までに刊行された全国・地方の「雑誌記事」がシームレスに検索できるデータベースであり、国立国会図書館（NDL）の「雑誌記事索引」よりも広範囲をカバーしている。

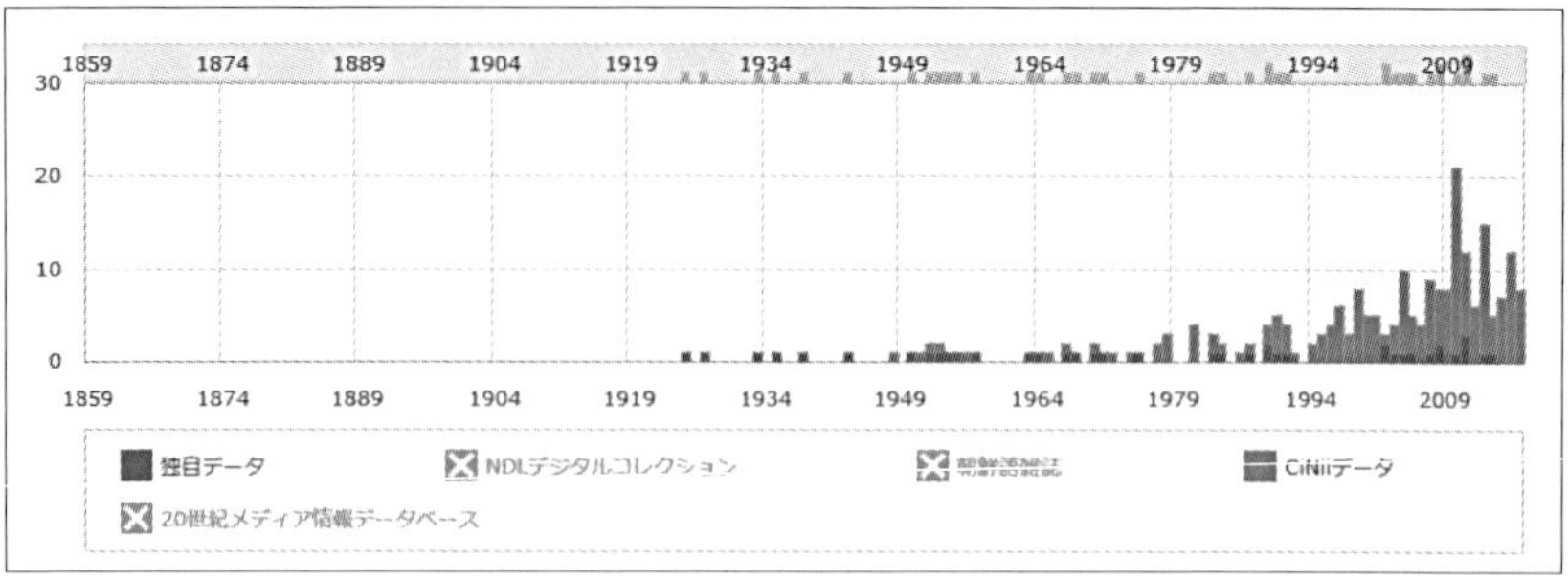

図表６ 「ノスタルジア」の頻度

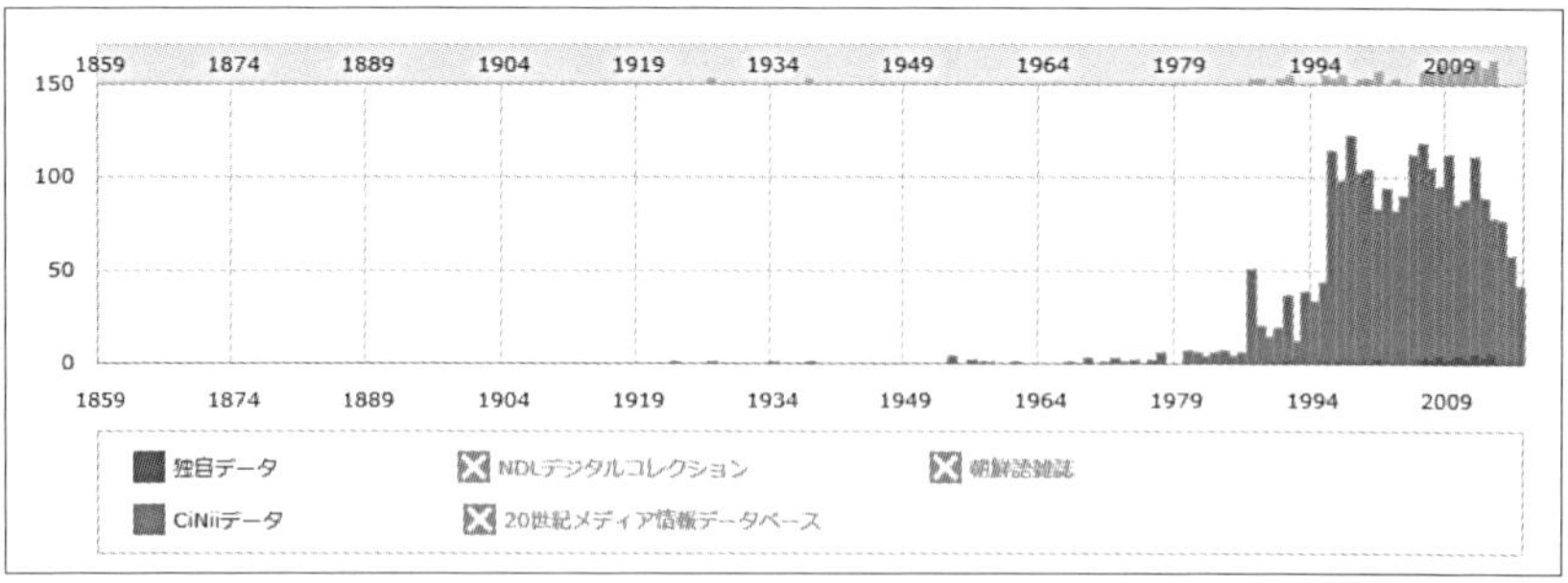

図表７ 「レトロ」の頻度

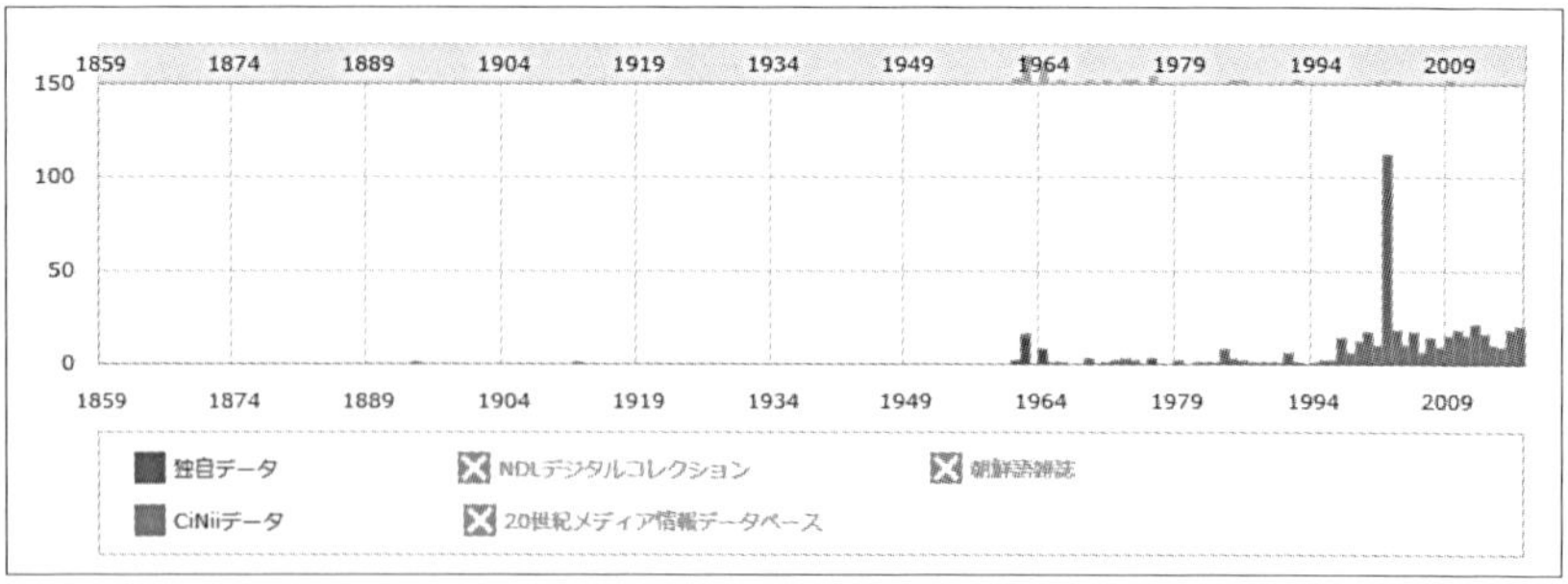

図表８ 「リバイバル」の頻度
（資料）ざっさくプラス

その結果は、「図表6～8」のようである。ノスタルジーの類語の掲載頻度は、本文の「河北新報」のデータベースの結果とほぼ同様である。一九二〇年代に、若干の掲載はあるものの、掲載頻度が高まったのは、やはり一九九〇年代ないしそれ以降である。社会現象としてノスタルジーを把握するには、この時代が鍵になることがこの結果においても明らかであろう。

注

1 日本では、ほぼ同様な意味を表す言葉として、ノスタルジー（nostalgy フランス語）とノスタルジア（nostalgia 英語）の二つがあるが、便宜上、本稿の地の文では前者に統一する。
2 堀内圭子［二〇〇七］を参照されたい。
3 近藤博之［二〇〇七］を参照されたい。
4 http://www.namco.co.jp/tp/namja/
5 http://www.date-navi.com/odaiba/decks4.html
6 http://www.raumen.co.jp/
7 https://www.showanomachi.com/
8 NHK「クローズアップ現代、プラス」（二〇〇三年一二月一五日）では、「なぜか〝昭和レトロ〟が大ヒット」という放送を行っている。そこでは、なかなかモノが売れない昨今の時代に、「昭和レトロ」がヒットを生むキーワードとして注目を集め、たとえば、「台場一丁目商店街」は、年間二七〇万人を集客し、昭和の暮らしぶりを精巧なフィギュアにしたおまけ付きの菓子は四千万個近い大ヒットとなり、昭和レトロをイメージした電化製品も売り上げを伸ばしているという。これまでの「昭和レトロ」ブームが、若者をターゲットにしたファッションに限られ、一過性のものだったのに対し、今回は、昭和三〇年代を実際に生きた人たちが同世代に向けて仕掛け、様々な分野に広がっている、と。番組では、先行きの不透明な時代に、明確な目標があった「昭和三〇年代」が改めて見直され、支持されているという分析を試みている。

9　デーヴィス［一九九〇］、四方田犬彦［一九九六］を参照されたい。

10　デーヴィスが採り上げているホーファーの論文は、J. Hoferk［1688,1934］'Medical dissertation on nostalgia'である。本論文はラテン語で書かれていたが、一九三四年に英訳されている。

11　ここで採り上げられている戦争がどの戦争をさすかをデーヴィスは明示していない。しかし、大規模でしかも長期にわたる戦争であったとすると、ドイツを舞台として一七世紀に勃発し、ヨーロッパ諸国を巻きこんだ「三十年戦争」（一六一八〜一六四八）であったと推測できる。しかし、あくまでも推測の域を出ない。

12　デーヴィスによれば、このノスタルジーという「病気」の原因を、当時の医師であるショイヒツァーは、「気圧」の変化によって生じると判断していたということが示されている。というのも、この病気は、スイス兵にしばしば発生したという事実に基づいている。いずれにしても、ノスタルジーは、ある種の「病気」であるという認識は当然のこととされていたようだ。

13　棚橋豪［二〇〇八］は、以下のように述べている。「空間的な制約ではなく、過去へ戻れないという時間的な制約こそが、今日のノスタルジアを特徴付けているのだ。」（一八〜一九頁）。ここでは、ノスタルジー概念の中心が、「空間」から「時間」に移っていることが強調されている点に注目したい。

14　ノスタルジーを表す日本語としては、本文にあげたものの他に次のようなものがある。回想、回顧、追想、追慕、想慕、敬慕、思慕、復古、懐旧など、いずれも、時間的なイメージを含む意味をもっている。また、以上は、いわば肯定的なニュアンスだが、否定的なニュアンスのものには、周回遅れ、旧式、出がらし、旧弊、陳腐、時代錯誤、後ろ向き、逆行などをあげることが出来る。

15　さらに、そこに付けられた「注」では「私の感じでは、一九五〇年代に入ってもかなりのころまでノスタルジアは「高級なことば」と見なされていた。」とも述べられている。つまり、この言葉は、五〇年代においては、必ずしもポピュラーではなかったようである。

16　本文では「河北新報」のデータベースの結果を示したが、同様な検索を「ざっさくプラス」のデータベースでも行った。「補注」を参照されたい。

17　二〇一七年一〇月三一日迄を検索の対象とした。

18　ドラッカーの有名な言葉として「マーケティングの理想は、販売を不要にすることである」（ドラッカー［二〇〇一］）がある。これは、マーケティングが本来目指すべきものは、顧客を理解し、製品とサービスを顧客に合わせ、いわゆる「販売」というものをしなくても、おのずから売れるようにすることであるということを意味している。そのような理解からすると、社会や文化の状況をふまえることは前提となるが、マーケティングにおけるノスタルジー研究は、そのようなものとして活発になされているといえる。

19　こうした方法の研究は、その後も見受けられる。たとえば、森田彩加［二〇一二］などもそうした一つとして数えられる。

20　これは、水越康介［二〇〇七］や廣瀬涼［二〇一六］などによっても、広く紹介されており、マーケティング研究者ではいわば共通認識になっている。

21　本書の功績は、本文で示したもののほか、そのデータをThe World Wealth and Income Database（WID）として、ネット上に公開していることがあげられる。本稿の「**図表3**」も、このデータベースに基づいている。また、きわめて冷静に鋭く格差の実態を歴史的に明らかにしているが、それを是正する処方箋として、世界的な富裕層への累進課税を提唱していることも、功績の一つであろう。

22　ちなみに、同じくアメリカの「所得における上位一%の占有率」のグラフを見ると、グラフの形状は同様に「U字型」を示しており、昨今の値は二〇%近くに達している。

23　たとえば、日本では、一連の戦後改革を想定すれば解りやすい。

24　一九六〇年に当時の池田勇人総理が「国民所得倍増計画」（国民所得を一〇年間で二倍にするという構想）を発表した際に、「倍増」などは夢物語だと揶揄された。しかし、現実はそれを大幅に超える経済成長であった。

25　高度経済成長は、第一次石油危機を契機として終焉したが、それが高度成長を終わらせる経済的な要因ではない。その内在的な要因は、「後進性と戦後性」に求められる。大内力［一九六二－一九六三］を参照されたい。

26　日本では、中成長期では、その前の高度成長期と比較すると成長率は半減したが、諸外国と比べると相対的に高い成長率であった。七〇年代の後半からバブル期を含む九〇年代の初頭のころまでは、貿易黒字も拡大し、「強すぎる日本」ともいわれた。

27　赤城智弘［二〇〇七］を想起されたい。皮肉にも、戦争こそは階層の逆転を起こす可能性があることが、そして、反対に、平和は階層秩序から脱出できない構造を生むことが鋭く指摘されている。

28　階級論でいえば、現代社会の階級は、資本家、労働者、旧中間層、新中間層の四階級の枠組みで把握できる。もともと旧中間層は世襲だが、この時代に新中間層の世襲化が進んだことが大きな問題であった。

29　佐藤俊樹［二〇〇〇］は、「戦後の経済成長がW雇上（ホワイトカラー、雇用、上層）を開く力となりえたのは…。その絶対的な豊かさの拡大が選抜競争の参加者の拡大とうまく結びついたからである。…しかし、これはあくまで一回きりの出来事である。…現在の日本が経験している閉塞は、一〇年単位ではなく、五〇年単位で考える必要がある地殻変動なのである。」（一〇二〜一〇三頁）と述べている。これは本稿で展開した論理に類似するものかもしれないが、具体的ではない

30　かつて、こうした状況を「デザインを失った時代」として考察したことがある。田中史郎［一九八九］を参照されたい。

31　「子供」や「個人・社会」などの概念も、特殊時代的なものである。前者に関しては、アリエス［一九八〇］、ポストマン［二〇〇一］を、後者に関しては阿部謹也［一九九二］を参照されたい。

32　「この国には何でもある。…だが、希望だけがない」（村上龍［二〇〇〇］）を想起されたい。

33　http://kw.maruzen.co.jp/ln/ec/ec_kousei01.html

参考文献

赤木智弘［二〇〇七］「「丸山眞男」をひっぱたきたい 希望は、戦争。」『論座』朝日新聞社、二〇〇七年一月号

阿部謹也［一九九二］『西洋中世の愛と人格――「世間」論序説』朝日新聞社（後に、［一九九九］『「世間」論序説――西洋中世の愛と人格』朝日選書）
石井清輝［二〇〇七］「消費される「故郷」の誕生――戦後日本のナショナリズムとノスタルジア」『哲學』第一一七集、三田哲學會
大内力［一九六二―一九六三］『日本経済論』上下、東京大学出版会
菊池良生［二〇〇二］『傭兵の二千年史』講談社
近藤博之［二〇〇七］「戦後日本の「なつメロ」の成立とブームの特質に関する研究」名古屋大学大学院 http://www.natsumero.info/jaspm.pdf
笹部建［二〇一三］「ノスタルジーの文化社会学」浅岡隆裕『メディア表象の文化社会学の研究』（ハーベスト社、二〇一二）書評、『KG 社会学批評』第2号、関西学院大学
佐藤俊樹［二〇〇〇］『不平等社会日本』中公新書
鈴木直志［二〇〇三］『ヨーロッパの傭兵』山川出版
田中史郎［一九八九］「デザインを失った時代」『アウセン』No.1（同人誌）
田中史郎［二〇〇五］「戦後日本における階層構造の変容」『模索する社会の諸相』（SGCIME 編）御茶の水書房
田中史郎［二〇〇九］「「世間」概念の二重性――阿部謹也、「世間論」を検討する――」『世間の学』vol.1、日本世間学会
棚橋豪［二〇〇八］「ノスタルジアと消費社会――その類型と動的側面について」『奈良産業大学紀要』第二四巻
日高勝之［二〇一四］『昭和ノスタルジアとは何か』世界思想社
廣瀬涼［二〇一六］「キャラクター消費とノスタルジア・マーケティング」『商学集志』第八六巻第一号
細辻恵子［一九八四］「ノスタルジーの諸相」、作田啓一、富永茂樹『自尊と懐疑――文芸社会学をめざして――』筑摩書房
堀内圭子［二〇〇七］「消費者のノスタルジア――研究の動向と今後の課題」『成城文藝』第二〇一号、成城大学

水越康介［二〇〇七］「ノスタルジア消費に関する理論的研究」『商品研究』第五五号、日本商品学会
村上龍［二〇〇〇］『希望の国のエクソダス』文藝春秋
森田彩加［二〇一二］「なぜ昭和を知らない世代が昭和に魅せられるのか」中央大学商学部
http://c-faculty.chuo-u.ac.jp/~tomokazu/zemi/works/4_morita.pdf
四方田犬彦［一九九六］「帰郷の苦悩」『世界文学のフロンティア、第四巻、ノスタルジー』岩波書店
四方田犬彦［一九九六］「ノスタルジアと消費社会――その類型と動的側面」『奈良産業大学紀要』第一二号
P・アリエス［一九八〇］（杉山光信、杉山恵美子訳）『〈子供〉の誕生』みすず書房
F・デーヴィス［一九九〇］（間場寿一、荻野美穂、細辻恵子訳『ノスタルジアの社会学』世界思想社
P・ドラッカー［二〇〇一］（上田惇生訳）『マネジメント』ダイヤモンド社
T・ピケティ［二〇一四］（山形浩生、守岡桜、森本正史訳）『二一世紀の資本』みすず書房
N・ポストマン［二〇〇一］（小柴一訳）『子どもはもういない』新樹社
W・リプチンスキー［一九八九］（後藤和彦訳）「ノスタルジー」『現代思想』一九八九年五月号、青土社
Brown, Stephen, Rovert V. Kozinets, & John F. Sherry Jr. [2003], 'Teaching Old Brands New Tricks: Retro Branding and the Revival Brand Meaning', *Journal of Marketing*, Vol.67, No.3
Holbrook, Morris B.& Robert M. Schindler [1989], 'Some Exploratory Findings on the Development of Musical Tastes', *Journal of Consumer Research*, Vol.16, No.1
Holbrook, Morris B. & Robert M. Schindler [1994], 'Age, Sex, and Attitide Toward the Past as Predictors of Consumer's Aesthetic Tastes for Cultural Products', *Journal of Marketing Reseach*, Vol. 26
Schindler, Robert M.& Morris B. Holbrook [2003], 'Nostalgia for Early Experience as a Determinant of Consumer Preferences', *Psychology and Marketing*, Vol.20, No.4
Havlena, William J. & Susan L. Holak [1996], 'Exploring Nostalgia Imagery through the Use of Consumer Collages,' *Advances in Consumer Research*, 23

おわりに

本書は、宮城学院女子大学に所属する教員六名（田中史郎、九里順子、今林直樹、小羽田誠治、田島優子、土屋純）によって編まれた著作である。「はじめに」において説明したように、各著者はそれぞれが別々の専門分野を持っており、大学内での共同研究によって新しい知見を生み出すことはできないか、という観点から行われたものである。

この「ノスタルジー」共同研究については前段がある。二〇一六年には、宮城学院女子大学人文社会科学研究所編『文化としての〈風景〉』翰林書房、が出版された。文学、絵画、景観などのテキストから風景を読み解く論考であり、西洋美術史、フランス政治史、東洋史、日本近代文学、日本服飾史、地理学の視点から考察している。一つのキーワードをもとに様々な専門家が議論を交換するという手法は、今回の「ノスタルジー」共同研究と同様であった。「ノスタルジー」共同研究は、この「風景」共同研究の続編として企画されたものであり、テーマは異なるものの、論考展開等で共通点も多くなっており、「風景」の著作をあわせて読んでいただけると幸いである。

今回の共同研究では、「風景」共同研究に関わった教員（九里順子、今林直樹、小羽田誠治、土屋純）が中心となり、新たな学内の教員（田中史郎、田島優子）が加わって、「ノスタルジー」というキーワードをもとに議論した。「風景」「ノスタルジー」といった、一般に使われる用語であるが、その意味において幅広さと深さがあるものを題材として、共同研究していくことは知的な創造作業であると考える。作品として出来上がった本著作が、読者のみなさんに知的好奇心を抱かせるものになればと願っている。

本書を書き上げるあたり、二〇一七年度において宮城学院女子大学人文社会科学研究所で五回の研究会を実施した。宮城学院女子大学を退職された犬飼公之先生、岩川亮先生、宮脇弘幸先生、菊池勇夫先生にもご参加いただいた。こうした先輩方のコメントは論考の随所に生かされている。また、「風景」の著者である森雅彦教授には、博学の知識を駆使していただき、随所に的確なコメントをいただいた。他にも多くの本学教員に参加いただいて、知的な議論を展開できたのは幸いであった。

そして研究会では、学内の教職員だけでなく様々な人々に参加いただいた。宮城学院女子大学では生涯学習講座を幅広く実施しているが、発表者が担当している生涯学習に受講されている方々が研究会に参加いただいた。また、多くの学生が参加してくれたことも、執筆者にとってとても嬉しいことであった。昭和ノスタルジーに対して、平成生まれの学生たちはどのように感じるのであろうか、執筆者にとって大きな関心事であったが、学生たちのコメントからは、「祖父母、父母世代が生きた時代には、親しみを感じるとともに、祖父母、父母から聞いた話などから昭和との接点があるので、イメージしやすい時代である」、「経験はしていないがなぜか懐かしさを感じることができる時代である」などのコメントをもらうことができた。

本共同研究では、二〇一七年度宮城学院女子大学特別共同研究費、二〇一七年度宮城学院女子大学付属人文科学研究所の共同研究費を活用させていただいた。そして二〇一八年度宮城学院女子大学出版助成費を活用させていただき、出版することができた。本共同研究のような学際的で自由な研究活動を支援していただいた宮城学院女子大学に感謝申し上げたい。

今回も翰林書房から出版させていただく。翰林書房の今井静江様には『文化における〈風景〉』に続き『ノスタルジーとはなにか』を出版することにご快諾頂いた。昨今の出版情勢は厳しい中、こうした出版物を市場に送り出せるのは大変嬉しいことである。この場をお借りして感謝申し上げたい。

田島　優子（たしま・ゆうこ）
1985年　佐賀県杵島郡生れ。
2013年　九州大学大学院人文科学府言語文学専攻博士後期課程 単位取得退学。
現職　宮城学院女子大学学芸学部准教授
専攻　アメリカ文学
著書　（論文）
“The Fear of Disease: Air Flow and Stagnation in *The House of the Seven Gables*.”（『英文学会誌』43、宮城学院女子大学学芸学部英文学会、2015年3月）
「ヒルダの涙と山頂の陽光――『大理石の牧神』における「病」の受容」（『アメリカ文学研究』51、日本アメリカ文学会、2015年3月）
「ヒロインとしてのジョージアナ――ホーソーンの「痣」における精神の完全性をめぐって」（『フォーラム』23、日本ナサニエル・ホーソーン協会、2018年3月）

田中　史郎（たなか・しろう）
1951年　新潟市生まれ。
1988年3月　東京経済大学大学院経済学研究科博士課程修了。経済学博士。
現職　宮城学院女子大学現代ビジネス学部教授。
専攻　経済学
著書　『商品と貨幣の論理』（白順社　1991年1月）
『世間学への招待』（青弓社　2002年1月、共著）
『模索する社会への諸相』（御茶の水書房　2005年11月、共著）
『現代日本の経済と社会』（社会評論社　2018年3月）　他

土屋　純（つちや・じゅん）
1971年　群馬県北群馬郡生れ。
1999年3月　名古屋大学大学院文学研究科史学地理学専攻博士課程後期単位取得退学。博士（地理学）。
現職　宮城学院女子大学現代ビジネス学部教授。
専攻　経済地理学
著書　『北東日本の地域経済』（八朔社　2012年6月、共著）
『小商圏時代の流通システム』（古今書院　2013年3月、共著）
『人文地理学への招待』（ミネルヴァ書房　2015年4月、共著）
『文化における〈風景〉』（翰林書房　2016年7月、共著）

執筆者紹介（あいうえお順）

今林　直樹（いまばやし・なおき）
1962年　兵庫県相生市生れ。
1998年3月　神戸大学大学院法学研究科後期博士課程満期退学。
現職　宮城学院女子大学学芸学部教授。
専攻　フランス政治史・沖縄政治史
著書　レイモンド・ベッツ『フランスと脱植民地化』（晃洋書房、2004年4月。共訳書）
『沖縄研究　仙台から発信する沖縄学』（大風印刷　2010年10月、共著）
『沖縄の歴史・政治・社会』（大学教育出版　2016年4月）
『文化における〈風景〉』（翰林書房　2016年7月、共著）

九里　順子（くのり・じゅんこ）
1962年　福井県大野市生れ。
1992年3月　北海道大学大学院文学研究科国文学専攻博士後期課程単位取得退学。博士（文学）。
現職　宮城学院女子大学学芸学部教授。
専攻　日本近代文学（詩歌）
著書　『明治詩史論――透谷・羽衣・敏を視座として――』（和泉書院　2006年3月）
『室生犀星の詩法』（翰林書房　2013年7月）
『文化における〈風景〉』（翰林書房　2016年7月、共著）
句集『静物』（邑書林　2013年7月）
句集『風景』（邑書林　2016年9月）

小羽田　誠治（こはだ・せいじ）
1975年　兵庫県神戸市生れ。
2005年3月　東京大学大学院人文社会系研究科アジア文化研究専攻博士後期課程単位取得退学。博士（文学）。
現職　宮城学院女子大学一般教育部教授
専攻　東洋史学
著書　「清末成都における勧業場の設立」（『史学雑誌』112-6、2003年6月）
「東西茶貿易の勃興期における茶葉の種類と流通の構造」（『宮城学院女子大学研究論文集』115、2012年12月）
「西湖博覧会における南洋勧業会の「記憶」」（『宮城学院女子大学人文社会科学論叢』22、2013年3月）
『文化における〈風景〉』（翰林書房　2016年7月、共著）

ノスタルジーとは何か

発行日	2018年10月11日　初版第一刷
編　者	宮城学院女子大学人文社会科学研究所
発行人	今井　肇
発行所	翰林書房
	〒151-0071 東京都渋谷区本町1-4-16
	電 話　(03) 6276-0633
	FAX　(03) 6276-0634
	http://www.kanrin.co.jp/
	Eメール●Kanrin@nifty.com
装　釘	須藤康子+島津デザイン事務所
印刷・製本	メデューム

落丁・乱丁本はお取替えいたします

ISBN978-4-87737-430-3